典藏

中国学术名著丛书

经典常谈 论雅俗共赏

朱自清

吉林出版集团股份有限公司

图书在版编目（CIP）数据

朱自清：经典常谈　论雅俗共赏／朱自清著．—
长春：吉林出版集团股份有限公司，2016.7（2022.2重印）
（中国学术名著丛书）
ISBN 978-7-5581-1202-7

Ⅰ．①朱…　Ⅱ．①朱…　Ⅲ．①社会科学-古籍-介绍
-中国②文学评论-文集　Ⅳ．①Z835②I06-53

中国版本图书馆CIP数据核字（2016）第159335号

朱自清：经典常谈　论雅俗共赏

著　　者　朱自清
出版策划　杜贞霞
责任编辑　滕　林
封面设计　映象视觉
开　　本　710mm×1000mm　1/16
字　　数　212千
印　　张　15
版　　次　2016年9月第1版
印　　次　2022年2月第3次印刷

出　　版　吉林出版集团股份有限公司
电　　话　总编办：010-63109269
　　　　　发行部：010-63109269
印　　刷　众鑫旺（天津）印务有限公司

ISBN 978-7-5581-1202-7　　定价：49.80元

目录

经典常谈

论雅俗共赏

经典常谈

读《经典常谈》

叶圣陶

学校国文教室的黑板上常常写着如下一类的粉笔字："三礼：《周礼》《仪礼》《礼记》。""三传：《公羊传》《穀梁传》《左传》。"学生看了，就抄在笔记簿本。

学期考试与入学考试，国文科常常出如下一类的测验题目："《史记》何人所作?《资治通鉴》何人所作?""什么叫'四书'?什么叫'四史'?""司马相如何代人?杜甫何代人?他们有哪一方面的著作?"与考的学生只消写上人名、书名、朝代名就是。写错了或者写不出当然没有分数。

曾经参观一个中学，高中三年级上"中国文学史"课，用的是某大学的讲义《中国文学史要略》，方讲到隋唐。讲义中提及孔颖达的《五经正义》，杜佑的《通典》，王通的《中说》等，没有记明卷数，教师就一一写在黑板上，让学生一一抄在本子上。在教室里立了大约半点钟，没听见教师开一声口，只看见他写的颇为老练的一些数目字。

书籍名，作者名，作者时代，书籍卷数，不能不说是一种知识。可是，学生得到了这种知识有什么受用，咱们不妨想一想。参与考试，如果遇到这一类的测验题目，就可以毫不迟疑地答上去，取得极限的分数，这是一种受用。还有呢？似乎没有了。在跟人家谈话的当儿，如果人家问你"什么叫'四史'?"你回答得出"就是《史记》《汉书》《后汉书》《三国志》"；你的脸上自然也会有一副踌躇满志的神色。可惜实际上谈话时候把这种问题作话题的并不多。

另外一派人不赞成这种办法，说这种办法毫无道理，不能叫学生得到真实的受用。这个话是千真万确的。他们主张，学生必须跟书籍直接打交道，好比朋友似的，你必须跟他混在一块，才可以心心相通，彼此影响，仅仅记住他的尊姓大名，就与没有这个朋友一样。这个话当然也没有错。可是他们所说的书籍范围很广，差不多从前读书人常读的一些书籍，他们主张现在的学生都应该读。而且，他们开起参考书目来就是一大堆，就说《史记》罢，关于考证史事的有若干种，关于评议体例的有若干种，关于鉴赏文笔的有若干种。他们要学生自己去摸索，把从前人走过的路子照样走一遍，结果才认识《史记》的全貌。这儿就有问题了。范围宽广，从前读书人常读的一些书籍都拿来读，跟现代的教育宗旨合不合，是问题。每一种书籍都要由学生自己去摸索，时间跟能力够不够，又是问题。这些问题不加注意，徒然苦口婆心地对学生说："你们要读书啊!"其心固然可敬，可是学生还是得不到真实的受用。

现代学生的功课，有些是从前读书人所不做的，如博物、理化、图画、音乐之类。其他的功课，就实质说，虽然就是从前读书人学的那一些，可是书籍不必再从前人的本子了。一部历史教本就可以摄取历代史籍的大概，经籍子籍的要旨。这自然指编撰得好的而言；现在有没有这样好的教本，那是另一问题。试问为什么要这么办？为的是从前书籍浩如烟海，现代的学生要做的功课多，没有时间一一去读他。为的是现代切用的一些实质，分散在潜藏在各种书籍里，让学生淘金似的去淘，也许淘不着，也许只淘着了一点儿。尤其为的是从前的书籍，在现代人看来，有许多语言文字方面的障碍；先秦古籍更有脱简错简，传抄致误，清代学者校勘的贡献虽然极大，但是否全恢复了各书的原样，谁也不敢说定；现代学生不能也不应个个劳费精力在训诂校勘上边，是显而易见的。所以，为实质的吸收着想，可以干脆说一句，现代学生不必读从前的书。只要历史教本跟其他学生用书编撰得好，教师和帮助学生的一些人们又指导得法，学生就可以一辈子不读《论语》《庄子》却能知道孔子、庄子的学说；一辈子不读《史记》《汉书》，却能明晓古代的史迹。

可是，有些书籍的实质和形式是分不开的，你要了解它，享受它，必须面对它本身，涵泳得深，体味得切，才有得益。譬如《诗经》，就不能专取其实质，翻为现代语言，让学生读“白话诗经”。翻译并不是不能做，并且已经有人做过，但到底是另外一回事；真正读《诗经》还得直接读“关关雎鸠”。又如《史记》，作为历史书，尽可用“历史教本”“中国通史”之类来代替；但是它同时又是文学作品，作为文学作品，就不能用“历史教本”“中国通史”之类来代替，从这类书里知道了楚汉相争的史迹，并不等于读了《项羽本纪》。我想，要说现代学生应该读些古书，理由应该在这一点上。

还有一点。如朱自清先生在这本《经典常谈》的序文里说的，“在中等以上的教育里，经典训练应该是一个必要的项目。经典训练的价值不在实用，而在文化。有一位外国教授说过，阅读经典的用处，就在教人见识经典一番。这是很明达的议论。再说做一个有相当教育的国民，至少对于本国的经典，也有接触的义务”。一些古书，培育着咱们的祖先，咱们跟祖先是一脉相承的，自当尝尝他们的营养料，才不至于无本。若讲实用，似乎是没有，有实用的东西都收纳在各种学科里了；可是有无用之用。这可以打个比方。有些人不怕旅行辛苦，道路几千，跑上峨嵋金顶看日出，或者跑到甘肃敦煌，看一窟寺历代的造像跟壁画。在专讲实用的人看来，他们干的完全没有实用，只有那股傻劲儿倒可以佩服。可是他们从金顶下来，打敦煌回转，胸襟推广了，眼光深远了。虽然还是各做他们的事儿，却有了一种新的精神。这就是所谓无用之用。读古书读的得其道，也会有类似的无用之用。要说现代学生应该读些古书，这是又一个理由。

这儿要注意，“现代学生应该读些古书”，万不宜忽略“学生”两字跟一个“些”字。说“学生”，就是说不是专家，其读法不该跟专家的一样（大学里专门研究古书的学生当然不在此限）。说“些”，就是说分量不能多，就是从前读书人常读的一些书籍也不必全读。就阅读的本子说，最好辑录训诂校勘方面简明而可靠的定论，让学生展卷了然，不必在一大堆参考书里自己去摸索。就阅读的范围说，最好根据前边说的两个理由来选定，只要精，不妨小，只要达到让学生见识一番这么个意思就成。这本《经典常谈》的序文里说：“我们理想中一般人的经典读本——有些该是全书，有些只该是选本节本——应该尽可能地采取他们的结论；一面将本文分段，仔细地标点，并用白话文作简要的注释。每种读本还得有一篇切实而浅明的白话文导言。”现代学生要读些古书，急切要用这样的读本。口口声声嚷着学生应该读古书的先生们，似乎最适宜负起责任来，编撰这样的读本。可是他们不干，只是“读书啊！读书啊！”的直嚷；学生实在没法接触古书，他们就把罪名加在学生头上，“你们自己不要好，不爱读书，教我有什么办法?”我真不懂得他们的所以然。

朱先生的《经典常谈》却是负起这方面的责任来的一本书。它是一些古书的“切实而浅明的白话文导言”。谁要知道某书是什么，它就告诉你个什么，看了这本书当然不就是变了古书，可是古书的来历，其中的大要，历来对于该书有什么问题，直到现在为止，对于该书已经研究到什么程度，都可以有个简明的概念。学生如果自己在一大堆参考书里去摸索，费力甚多，所得未必会这么简明。因这本书的导引，去接触古书，就像预先看熟了地图跟地理志，虽然到的是个新地方，却能头头是道。专家们未必看得起这本书，因为“这中间并无编撰者自己的创见，编撰者的工作只是编撰罢了”（序文中语）；但是这本书本来不是写给专家们看的，在需要读些古书的学生，这本书正适合他们的理解能力跟所需分量。尤其是“各篇的讨论，尽量采择近人新说”（序文中语），近人新说当然不单为它“新”，而为它是最近研究的结果，比较可作定论；使学生在入门的当儿，便祛除了狭陋跟迂腐的弊病，是大可称美的一点。

这本书所说“经典”，不专指经籍；是用“经典”的二字的广义，包括群经，先秦诸子，几种史书，一些集部，共十三篇。把目录抄在这儿：

《说文解字》第一；《周易》第二；《尚书》第三；《诗经》第四；三礼第五；《春秋》三传第六（《国语》附）；四书第七；《战国策》第八；《史记》《汉书》第九；诸子第十；辞赋第十一；诗第十二；文第十三；前头十一篇都就书讲；末了“诗”“文”两篇却只叙述源流，不就书讲，“因为书太多了，没法子一一详论，而集部书的问题，也不像经、史、子那样重要，在这儿也无需详论”（序文中语）。

（载《西川集》，文光书店，1945）

重印《经典常谈》序

叶圣陶

出版社准备重印这本《经典常谈》，要我写篇序文，我才把它重新看一遍。朱先生逝世已经三十二年，重看这本书，他的声音笑貌宛然在面前，表现在字里行间的他那种嚼饭哺人的孜孜不倦的精神，使我追怀不已，痛惜他死得太早了。

朱先生所说的经典，指的是我国文化遗产中用文字写记下来的东西。假如把准备接触这些文化遗产的人比作参观岩洞的游客，他就是给他们当个向导，先在洞外讲说一番，让他们心中有个数，不至于进了洞去感到迷糊。他可真是个好向导，自己在里边摸熟了，知道岩洞的成因和演变，因而能够按真际讲说，决不说这儿是双龙戏珠，那儿是八仙过海，是某高士某仙人塑造的。求真而并非猎奇的游客自然欢迎这样的好向导。

朱先生在这本书的序文里，认定经典训练是中等以上的教育里的必要项目之一。说“中等以上”，中等教育自然包括在内。他这样考虑的依据是一九二二年教育部制定的初中高中的国文课程标准。这本书出版之后不久，我写过一篇《读〈经典常谈〉》，也赞同他的考虑。

在三十多年之后的今天，我对朱先生和我自己的这样考虑——就是经典训练是中等教育里的必要项目之一——想有所修正了。第一，直接接触这些经典，不仅语言文字上的隔阂不少，风俗习惯典章制度上的疙瘩更多，马马虎虎地读吧，徒然耗费学生的精力和时间，认认真真地读它极少一部分吧，莫说初中，高中阶段恐怕也难以办到。因此，我想中学阶段只能间接接触，就是说阅读《经典常谈》这样的书就可以了。第二，当时所谓国文课就是现在的语文课，现在我想，就说跟经典间接接触，也不光是语文课的事，至少历史课应当分担责任，因为经典是文化遗产，历史课当然不能忽略文化遗产。第三，在高等教育阶段，学习文史哲的学生就必须有计划地直接跟经典接触，阅读某些经典的全部和另外一些经典的一部分。那一定要认认真真地读，得到比较深入的理解。

可惜不能像三十多年前同在成都时候那样，想到什么就跑到望江楼对面朱先生的寓所，跟他当面谈一谈。假如他如今还在，我早就把这三点意思跟他说了，无论他赞同或者驳斥，都是莫大的欢快。想到这一层，怅惘无极。

我又想，经典训练不限于学校教育的范围而推广到整个社会，是很有必要的。历史不能割断，文化遗产跟当今各条战线上的工作有直接或者间接的牵连，所以谁都一样，能够跟经典有所接触总比完全不接触好。朱先生在时还没有“古为今用”的提法，“批判地接受”的提法他有没有听到过，我不敢断言，而这两个提法正说明了各条战线上的人都该接触一些经典。因此，著作家和出版界要为人民服务，在这方面就有许多工作必得做。撰写像《经典常谈》模样的书，使广大读者间接接触经典，这一项工作就该做。朱先生在序文里提到“理想中一般人的经典读本”，他把编撰的办法说得非常具体。三十多年过去了，这样“理想中的读本”还非常之少，非共同努力，尽快多出这种读本不可。

我还想到一点。现在正在编撰百科全书，朱先生这本书里的十三篇可以作为十三个条目收到百科全书里去；为完备起见，只要把最近三十多年间重要的研究新成果加进去就可以了。

一九八〇年四月九日

（载《经典常谈》，三联书店，1980）

《说文解字》第一

中国文字相传是黄帝的史官叫仓颉的造的。这仓颉据说有四只眼睛，他看见了地上的兽蹄儿鸟爪儿印着的痕迹，灵感涌上心头，便造起文字来。文字的作用太伟大了，太奇妙了，造字真是一件神圣的工作。但是文字可以增进人的能力，也可以增进人的巧诈。仓颉泄漏了天机，却将人教坏了。所以他造字的时候，“天雨粟，鬼夜哭”。人有了文字，会变机灵了，会争着去做那容易赚钱的商人，辛辛苦苦去种地的便少了。天怕人不够吃的，所以降下米来让他们存着救急。鬼也怕这些机灵人用文字来制他们，所以夜里嚎哭；文字原是有巫术的作用的。但仓颉造字的传说，战国末期才有。那时人并不都相信，如《易·系辞》里就只说文字是“后世圣人”造出来的。这“后世圣人”不止一人，是许多人。我们知道，文字不断地在演变着；说是一人独创，是不可能的。《系辞》的话自然合理得多。

“仓颉造字说”也不是凭空起来的。秦以前是文字发生与演化的时代，字体因世因国而不同，官书虽是系统相承，民间书却极为庞杂。到了战国末期，政治方面，学术方面，都感到统一的需要了，鼓吹的也有人了；文字统一的需要，自然也在一般意识之中。这时候抬出一个造字的圣人，实在是统一文字的预备工夫，好教人知道“一个”圣人造的字当然是该一致的。《荀子·解蔽篇》说，“好书者众矣，而仓颉独传者，一也”，“一”

是“专一”的意思，这儿只说仓颉是个整理文字的专家，并不曾说他是造字的人；可见得那时“仓颉造字说”还没有凝成定型。但是，仓颉究竟是甚么人呢？照近人的解释，“仓颉”的字音近于“商契”，造字的也许指的是商契。商契是商民族的祖宗。“契”有“刀刻”的义；古代用刀笔刻字，文字有“书契”的名称。可能因为这点联系，商契便传为造字的圣人。事实上商契也许和造字全然无涉，但这个传说却暗示着文字起于夏商之间。这个暗示也许是值得相信的。至于仓颉是黄帝的史官，始见于《说文·序》。“仓颉造字说”大概凝定于汉初，那时还没有定出他是哪一代的人；《说文·序》所称，显然是后来加添的枝叶了。

识字是教育的初步。《周礼·保氏》说贵族子弟八岁入小学，先生教给他们识字。秦以前字体非常庞杂，贵族子弟所学的，大约只是官书罢了。秦始皇统一了天下，他也统一了文字；小篆成了国书，别体渐归淘汰，识字便简易多了。这时候贵族阶级已经没有了，所以渐渐注重一般的识字教育。到了汉代，考试史、尚书史（书记秘书）等官儿，都只凭识字的程度；识字教育更注重了。识字需要字书。相传最古的字书是《史籀篇》，是周宣王的太史籀作的。这部书已经佚去，但许慎《说文解字》里收了好些“籀文”，又称为“大篆”，字体和小篆差不多，和始皇以前三百年的碑碣器物上的秦篆简直一样。所以现在相信这只是始皇以前秦国的字书。“史籀”是“书记必读”的意思，只是书名，不是人名。

始皇为了统一文字，教李斯作了《仓颉篇》七章，赵高作了《爰历篇》六章，胡毋敬作了《博学篇》七章。所选的字，大部分还是《史籀篇》里的，但字体以当时通用的小篆为准，便与“籀文”略有不同。这些是当时官定的标准字书。有了标准字书，文字统一就容易进行了。汉初，教书先生将这三篇合为一书，单称为《仓颉篇》。秦代那三种字书都不传了，汉代这个《仓颉篇》，现在残存着一部分。西汉时期还有些人作了些字书，所选的字大致和这个《仓颉篇》差不多。就中只有史游的《急就篇》还存留着。《仓颉》残篇四字一句，两句一韵。《急就篇》不分章而分部，前半三字一句，后半七字一句，两句一韵；所收的都是名姓、器物、官名等日常用字，无说解。这些书和后世“日用杂字”相似，按事类收字——所谓分章或分部，都据事类而言。这些一面供教授学童用，一面供民众检阅用，所收约三千三百字，是通俗的字书。

东汉和帝时，有个许慎，作了一部《说文解字》。这是一部划时代的字书。经典和别的字书里的字，他都搜罗在他的书里，所以有九千字。而且小篆之外，兼收籀文“古文”；“古文”是鲁恭王所得孔子宅“壁中书”及张仓所献《春秋左氏传》的字体，大概是晚周民间的别体字。许氏又分析偏旁，定出部首，将九千字分属五百四十部首。书中每字都有说解，用晚周人作的《尔雅》，扬雄的《方言》，以及经典的注文的体例。这部书意在帮助人通读古书，并非只供通俗之用，和秦代及西汉的字书是大不相同的。它保存了小篆和一些晚周文字，让后人可以溯源沿流；现在我们要认识商周文字，探寻汉以来字体演变的轨迹，都得凭这部书。而且不但研究字形得靠它，研究字音字义也得靠它。研究文字的形音义的，以前叫“小学”，现在叫文字学。从前学问限于经典，所以说研究学问必须从小学入手；现在学问的范围是广了，但要研究古典、古史、古文化，也还得从文字学入手。《说文解字》是文字学的古典，又是一切古典的工具或门径。

《说文·序》提起出土的古器物，说是书里也搜罗了古器物铭的文字，便是“古文”的一部分，但是汉代出土的古器物很少；而拓墨的法子到南北朝才有，当时也不会有拓本，那些铭文，许慎能见到的怕是更少。所以他的书里还只有秦篆和一些晚周民间书，再古的可以说是没有。到了宋代，古器物出土的多了，拓本也流行了，那时有了好些金石图录考释的书。“金”是铜器，铜器的铭文称为金文。铜器里钟鼎最是重器，所以也称为钟鼎文。这些铭文都是记事的。而宋以来发现的铜器大都是周代所作，所以金文多是两周的文字。清代古器物出土的更多，而光绪二十五年（西元一八九九）河南安阳发现了商代的甲骨，尤其是划时代的。甲是龟的腹甲，骨是牛胛骨。商人钻灼甲骨，以卜吉凶，卜完了就在上面刻字纪录。这称为甲骨文，又称为卜辞，是盘庚（约西元前一三〇〇）以后的商代文字。这大概是最古的文字了。甲骨文，金文，以及《说文》里所谓

“古文”，还有籀文，现在统统算作古文字，这些大部分是文字统一以前的官书。甲骨文是“契”的；金文是“铸”的。铸是先在模子上刻字，再倒铜。古代书写文字的方法除“契”和“铸”外，还有“书”和“印”，因用的材料而异。“书”用笔，竹木简以及帛和纸上用“书”。“印”是在模子上刻字，印在陶器或封泥上。古代用竹木简最多，战国才有帛；纸是汉代才有的。笔出现于商代，却只用竹木削成。竹木简、帛、纸，都容易坏，汉以前的，已经荡然无存了。

造字和用字有六个条例，称为“六书”。“六书”这个总名初见于《周礼》，但六书的各个的名字到汉人的书里才见。一是“象形”，象物形的大概，如“日”“月”等字。二是“指事”，用抽象的符号，指示那无形的事类，如“二”（上）“亠”（下）两个字，短画和长画都是抽象的符号，各代表着一个物类。“二”指示甲物在乙物之上，“亠”指示甲物在乙物之下。这“上”和“下”两种关系便是无形的事类。又如“刃”字，在“刀”形上加一点，指示刃之所在，也是的。三是“会意”，会合两个或两个以上的字为一个字，这一个字的意义是那几个字的意义积成的，如“止”“戈”为“武”，“人”“言”为“信”等。四是“形声”，也是两个字合成一个字，但一个字是形，一个字是声；形是意符，声是音标。如“江”“河”两字，“氵”（水）是形，“工”“可”是声。但声也有兼义的。如“淺”“錢”“賤”三字。“水”“金”“貝”是形，同以“戔”为声；但水小为“淺”，金小为“錢”，貝小为“賤”，三字共有的这个“小”的意义，正是从“戋”字来的。象形、指事、会意、形声，都是造字的条例；形声最便，用处最大，所以我们的形声字最多。

五是“转注”，就是互训。两个字或两个以上的字，意义全部相同或一部相同，可以互相解释的，便是转注字，也可以叫做同义字。如“考”“老”等字，又如“初”“哉”“首”“基”等字；前者同形同部，后者不同形不同部，却都可以“转注”。同义字的孳生，大概是各地方言不同和古今语言演变的缘故。六是“假借”，语言里有许多有音无形的字，借了别的同音的字，当作那个意义用。如代名词，“予”“汝”“彼”等，形况字“犹豫”“孟浪”“关关”“突如”等，虚助字“于”“以”“与”“而”“则”“然”“也”“乎”“哉”等，都是假借字。又如“令”，本义是“发号”，借为县令的“令”；“长”本义是“久远”，借为县长的“长”。“县令”“县长”是“令”“长”的引申义。假借本因有音无字，但以后本来有字的也借用别的字。所以我们现在所用的字，本义的少，引申义的多，一字数义，便是这样来的。这可见假借的用处也很广大。但一字借成数义，颇不容易分别。晋以来通行了四声，这才将同一字分读几个音，让意义分得开些。如“久远”的“长”平声，“县长”的“长”读上声之类。这样，一个字便变成几个字了。转注、假借都是用字的条例。

象形字本于图画。初民常以画记名，以画记事；这便是象形的源头。但文字本于语言，语言发于声音，以某声命物，某声便是那物的名字。这是“名”，“名”该只指声音而言。画出那物形的大概，是象形字。“文字”与“字”都是通称，分析地说，象形的字该叫做“文”，“文”是“错画”的意思。“文”本于“名”，如先有“日”名，才会有“日”这个“文”；“名”就是“文”的声音。但物类无穷，不能一一造“文”，便只得用假借字。假借字以声为主，也可以叫做“名”。一字借为数字，后世用四声分别，古代却用偏旁分别，这便是形声字。如“𠀠”本象箕形，是“文”，它的“名”是“ㄐ”。而日期的“期”，旗帜的“旗”，麒麟的“麒”等，在语言中与“𠀠”同声，却无专字，便都借用“𠀠”字。后来才加“月”为“期”，加“㫃”为“旗”，加“鹿”为“麒”，一个字变成了几个字。严格地说，形声字才该叫做“字”，“字”是“孳乳而渐多”的意思。象形有抽象作用，如一画可以代表任何一物，“二”（上）“二”（下）“一”“二”“三”其实都可以说是象形。象形又有指示作用，如“刀”字上加一点，表明刃在那里。这样，旧时所谓指事字其实都可以归入象形字。象形还有会合作用，会合两个或两个以上的分子，表示一个意义；那么，旧时所谓会意字其实也可以归入象形字。但会合成功的不是“文”，也该是“字”。象形字、假借字、形声字，是文字发展的逻辑的程序，但甲骨文里三种字都已经有了。这里所说的程序，是近人新说，和

“六书说”颇有出入。六书说原有些不完备不清楚的地方，新说加以补充修正，似乎更可信些。

秦以后只是书体演变的时代。演变的主因是应用，演变的方向是简易。始皇用小篆统一了文字，不久便又有了“隶书”。当时公事忙，文书多，书记虽遵用小篆，有些下行文书，却不免写得草率些。日子长了，这样写的人多了，便自然而然成了一体，称为“隶书”；因为是给徒隶等下级办公人看的。这种字体究竟和小篆差不多。到了汉末，才渐渐变了，椭圆的变为扁方的，“敛笔”变为“挑笔”。这是所谓汉隶，是隶书的标准。晋唐之间，又称为“八分书”。汉初还有草书，从隶书变化，更为简便。这从清末以来在新疆和敦煌发现的汉晋间的木简里最能见出。这种草书，各字分开，还带着挑笔，称为“章草”。魏晋之际，又嫌挑笔费事，改为敛笔，字字连书，以一行或一节为单位。这称为“今草”。隶书方整，去了挑笔，又变为“正书”。这起于魏代。晋唐之间，却称为“隶书”，而称汉隶为“八分书”。晋代也称为“楷书”。宋代又改称为“真书”。正书本也是扁方的，到陈隋的时候，渐渐变方了。到了唐代，又渐渐变长了。这是为了好看。正书简化，便成“行书”，起于晋代。大概正书不免于拘，草书不免于放，行书介乎两者之间，最为适用。但现在还通用着正书，而辅以行草。一方面却提倡民间的“简笔字”，将正书行书再行简化；这也还是求应用便利的缘故。

《周易》第二

在人家门头上，在小孩的帽饰上，我们常见到八卦那种东西。八卦是圣物，放在门头上，放在帽饰里，是可以辟邪的。辟邪还只是它的小神通，它的大神通在能够因往知来，预言吉凶。算命的、看相的、卜课的，都用得着它。他们普通只用五行生克的道理就够了，但要详细推算，就得用阴阳和八卦的道理。八卦及阴阳五行和我们非常熟习，这些道理直到现在还是我们大部分人的信仰，我们大部分人的日常生活不知不觉之中教这些道理支配着。行人不至、谋事未成、财运欠通、婚姻待决、子息不旺，乃至种种疾病疑难，许多人都会去求签问卜、算命看相，可见影响之大。讲五行的经典，现在有《尚书·洪范》；讲八卦的便是《周易》。

八卦相传是伏羲氏画的。另一个传说却说不是他自出心裁画的。那时候有匹龙马从黄河里出来，背着一幅图，上面便是八卦，伏羲只照着描下来罢了。但这因为伏羲是圣人，那时代是圣世，天才派了龙马赐给他这件圣物。所谓“河图”，便是这个。那讲五行的洪范，据说也是大禹治水时在洛水中从一只神龟背上得着的，也出于天赐。所谓“洛书”，便是那个。但这些神怪的故事显然是八卦和五行的宣传家造出来抬高这两种学说的地位的。伏羲氏恐怕压根儿就没有这个人，他只是秦汉间儒家假托的圣王。至于八卦，大概是有了筮法以后才有的。商民族是用龟的腹甲或牛的胛骨卜吉凶，他们先在甲骨上钻一下，再用火灼；甲骨经火，有裂痕，便是兆象，卜官细看兆象，断定吉凶；然后便将卜的人、卜的日子、卜的问句等用刀笔刻在甲骨上。这便是卜辞。卜辞里并没有阴阳的观念，也没有八卦的痕迹。

卜法用牛骨最多，用龟甲是很少的。商代农业刚起头，游猎和畜牧还是主要的生活方式。那时牛骨头不缺少，到了周代，渐渐脱离游牧时代，进到农业社会了。牛骨头便没有那么容易得了。这时候却有了筮法，作为卜法的辅助。筮法只用些蓍草，那是不难得的。蓍草是一种长寿草，古人觉得这草和老年人一样，阅历多了，知道的也就多了，所以用它来占吉凶。筮的时候用它的杆子，方法已不能详知，大概是数的。取一把蓍草，数一下看是甚么数目，看是奇数还是偶数，也许这便可以断定吉凶。古代人看见数目整齐而又有变化，认为是神秘的东西。数目的连续、循环以及奇偶，都引起人们的惊奇。那时候相信数目是有魔力的，所以巫术里用得着它。——我们一般人直到现在，还嫌恶奇数，喜欢偶数，该是那些巫术的遗迹。那时候又相信数目是有道理的，所以哲学里用得着它。我们现在还说，凡事都有定数，这就是前定的意思；这是很古的信仰了。人生有数，世界也有数，数是算好了的一笔账；用现在的话说，便是机械的。数又是宇宙的架子，如说太极生两仪，两仪生四象，就是一生二、二生四的意思。筮法可以说是一种巫术，是靠了数目来判断吉凶的。

八卦的基础便是一二三的数目。整画“—”是一；断画“--”是二，三画叠而成卦是☰。这样配出八个卦，便是☰☱☲☳☴☵☶☷；乾、兑、离、震、巽、坎、艮、坤，是这些卦的名字。那整画断画的排列，也许是在排列着蓍草时触悟出来的。八卦到底太简单了，后来便将这些卦重起来，两卦重作一个，按照算学里错列与组合的必然，成了六十四卦，就是《周易》里的卦数。蓍草的应用，也许起于民间；但八卦的创制，六十四卦的推演，巫与卜官大约是重要的角色。古代巫与卜官同时也就是史官，一切的记载，一切的档案，都掌管在他们手里。他们是当时知识的权威，参加创卦或重卦的工作是可能的。筮法比卜法简便得多，但起初人们并不十分信任它。直到“春秋”时候，还有“筮短龟长”的话。那些时代，大概小事才用筮，大事还得用卜的。

筮法袭用卜法的地方不少。卜法里的兆象，据说有一百二十体，每一体都有十条断定吉凶的“颂”辞。这些是现成的辞。但兆象是自然地灼出来的，有时不能凑合到那一百二十体里去，便得另造新辞。筮法里的六十四卦，就相当于一百二十体的兆象。那断定吉凶的辞，原叫做繇辞，“繇”是抽出来的意思。《周易》里一卦有六画，每画叫做一爻——六爻的次序是由下向上数的。繇辞有属于卦的总体的，有属于各爻的；所以后来分称为卦辞和爻辞。这种卦爻辞也是卜筮官的占筮纪录，但和甲骨卜辞的性质不一样。

从卦爻辞里的历史故事和风俗制度看，我们知道这些是西周初叶的纪录，纪录里好些是不联贯的，大概是几次筮辞并列在一起的缘故。那时卜筮官将这些卦爻辞按着卦爻的顺序编辑起来，便成了《周易》这部书。“易”是“简易”的意思，是说筮法比卜法简易的意思。本来呢，卦数既然是一定的，每卦每爻的辞又是一定的，检查起来，引申推论起来，自然就“简易”了。不过这只在当时的卜筮官如此。他们熟习当时的背景，卦爻辞虽“简”，他们却觉得“易”。到了后世就不然了，筮法久已失传，有些卦爻辞简直就看不懂了。《周易》原只是当时一部切用的筮书。

《周易》现在已经变成了儒家经典的第一部，但早期的儒家还没注意这部书。孔子是不讲怪、力、乱、神的。《论语》里虽有“五十以学《易》，可以无大过矣”的话，但另一个本子作“五十以学，亦可以无大过矣”；所以这句话是很可疑的。孔子只教学生读《诗》《书》和《春秋》，确没有教读《周易》。《孟子》称引《诗》《书》，也没说到《周易》。《周易》变成儒家的经典，是在战国末期。那时候阴阳家的学说盛行，儒家大约受了他们的影响，才研究起这部书来。那时候道家的学说也盛行，也从另一面影响了儒家。儒家就在这两家学说的影响之下，给《周易》的卦爻辞作了种种新解释。这些新解释并非在忠实地确切地解释卦爻辞，其实倒是藉着卦爻辞发挥他们的哲学。这种新解释存下来的，便是所谓《易传》。

《易传》中间较有系统的是彖辞和象辞。彖辞断定一卦的涵义——“彖”就是“断”的意思。象辞推演卦和爻的象，这个“象”字相当于现在所谓“观念”。这个字后来成为解释《周易》的专门名词。但彖辞断定的涵义，象辞推演的观念，其实不是真正从卦爻里探究出来的；那些只是作传的人傅会在卦爻上面的。这里面包含着多量的儒家伦理思想和政治哲学，象辞的话更有许多和《论语》相近的。但说到“天”的时候，不当作有人格的上帝，而只当作自然的道，却是道家的色彩了。这两种传似乎是编纂起来的，并非一人所作。此外有《文言》和《系辞》。《文言》解释乾坤两卦，《系辞》发挥宇宙观人生观，偶然也有分别解释卦爻的话。这些似乎都是抱残守阙，汇集众说而成。到了汉代，又新发现了《说卦》《序卦》《杂卦》三种传。《说卦》推演卦象，说明某卦的观念象征着自然界和人世间的某些事物，譬如乾卦象征着天，又象征着父之类。《序卦》说明六十四卦排列先后的道理。《杂卦》比较各卦意义的同异之处。这三种传据说是河内一个女子在甚么地方找着的，后来称为《逸易》；其实也许就是汉代人作的。

八卦原只是数目的巫术，这时候却变成数目的哲学了。那整画“—”是奇数，代表天，那断画“ -- ”是偶数，代表地。奇数是阳数，偶数是阴数；阴阳的观念是从男女来的。有天地，不能没有万物，正和有男女就有子息一样，所以三画才能成一卦。卦是表示阴阳变化的，《周易》的“易”，也便是变化的意思。为什么要八个卦呢？这原是算学里错列与组合的必然，但这时候却想着是万象的分类。乾是天，是父等；坤是地，是母等；震是雷，是长子等；巽是风，是长女等；坎是水，是心病等；离是火，是中女等；艮是山，是太监等；兑是泽，是少女等。这样，八卦便象征着也支配着整个的大自然，整个的人间世了。八卦重为六十四卦，卦是复合的，卦象也是复合的，作用便更复杂更具体了。据说伏羲、神农、黄帝、尧、舜一班圣人看了六十四卦的象，悟出了种种道理，这才制造了器物，建立了制度、耒耜以及文字等等东西，“日中为市”等等制度，都是他们从六十四卦推演出来的。

这个观象制器的故事，见于《系辞》。《系辞》是最重要的一部《易传》。这传里借着八卦和卦爻辞发挥着的融合儒道的哲学，和观象制器的故事，都大大地增加了《周易》的价值，抬高了它的地位。《周易》的地位抬高了，关于它的传说也就多了。《系辞》里只说伏羲作八卦，后来的传说却将重卦的、作卦爻辞的、作《易传》的人，都补出来了。但这些传说都比较晚，所以有些参差，不尽能像“伏羲画卦说”那样成为定论。重卦的人，有说是伏羲的，有说是神农的，有说是文王的。卦爻辞有说全是文王作的，有说爻辞是周公作的，有说全是孔子作的。《易传》却都说是孔子作的。这些都是圣人。《周易》的经传都出于圣人之手，所以和儒家所谓道统，关系特别深切；这成了他们一部传道的书。所以到了汉代，便已跳到“六经”之首了。但另一面阴阳八卦与五行结合起来，三位一体地演变出后来医卜星相种种迷信、种种花样，支配着一般民众，势力也非常雄厚。这里面儒家的影响却很少了，大部分还是《周易》原来的卜筮传统的力量。儒家的《周易》是哲学化了的；民众的《周易》倒是巫术的本来面目。

参考资料

顾颉刚《周易卦爻辞中的故事》(《古史辨》第三册上)

李镜池《易传探原》(同上)

余永梁《易卦爻辞的时代及其作者》(同上)

《尚书》第三

《尚书》是中国最古的记言的历史。所谓记言，其实也是记事，不过是一种特别的方式罢了。记事比较的是间接的，记言比较的是直接的。记言大部分照说的话写下来；虽然也须略加剪裁，但是尽可以不必多费心思。记事需要化自称为他称，剪裁也难，费的心思自然要多得多。

中国的记言文是在记事文之先发展的。商代甲骨卜辞大部分是些问句，记事的话不多见。两周金文也还多以记言为主。直到战国时代，记事文才有了长足的进展。古代言文大概是合一的，说出的写下的都可以叫做“辞”。卜辞我们称为“辞”，《尚书》的大部分其实也是“辞”。我们相信这些辞都是当时的“雅言”，就是当时的官话或普通话。但传到后世，这种官话或普通话却变成诘屈聱牙的古语了。

《尚书》包括虞夏商周四代，大部分是号令，就是向大众宣布的话，小部分是君臣相告的话。也有记事的，可是照近人的说数，那记事的几篇，大都是战国末年人的制作，应该分别地看。那些号令多称为“誓”或“诰”，后人便用“誓”“诰”的名字来代表这一类。平时的号令叫“诰”，有关军事的叫“誓”。君告臣的话多称为“命”，臣告君的话却似乎并无定名，偶然有称为“谟”的。这些辞有的是当代史官所记，有的是后代史官追记；当代史官也许根据亲闻，后代史官便只能根据传闻了。这些辞原来似乎只是说的话，并非写出的文告；史官纪录，意在存作档案，备后来查考之用。这种古代的档案，想来很多，留下来的却很少。汉代传有《书序》，来历不详，也许是周秦间人所作。有人说，孔子删《书》为百篇，每篇有序，说明作意。这却缺乏可信的证据。孔子教学生的典籍里有《书》，倒是真的。那时代的《书》是个甚么样子，已经无从知道。“书”原是纪录的意思，大约那所谓“书”只是指当时留存着的一些古代的档案而言；那些档案恐怕还是一件件的，并未结集成书。成书也许是在汉人手里。那时候这些档案留存着的更少了，也更古了，更稀罕了；汉人便将它们编辑起来，改称《尚书》。“尚”，“上”也；《尚书》据说就是“上古帝王的书”。“书”上加一“尚”字，无疑的是表示着尊信的意味。至于书称为“经”，始于《荀子》；不过也是到汉代才普遍罢了。

儒家所传的“五经”中，《尚书》残缺最多，因而问题也最多。秦始皇烧天下诗书及诸侯史记，并禁止民间私藏一切书。到汉惠帝时，才开了书禁；文帝接着更鼓励人民献书。书才渐渐见得着了。那时传《尚书》的只有一个济南伏生。伏生本是秦博士。始皇下诏烧诗书的时候，他将《书》藏在墙壁里。后来兵乱，他流亡在外。汉定天下，才回家。检查所藏的《书》，已失去数十篇，剩下的只二十九篇了。他就守着这一些，私自教授于齐鲁之间。文帝知道了他的名字，想召他入朝。那时他已九十多岁，不能远行到京师去。文帝便派掌故官晁错来从他学。伏生私人的教授，加上朝廷的提倡，使《尚书》流传开去。伏生所藏的本子是用“古文”写的，还是用秦篆写的，不得而知；他的学生却只用当时的隶书钞录流布。这就是东汉以来所谓《今尚书》或《今文尚书》。汉武帝提倡儒学，立“五经”博士；宣帝时每经又都分家数立官，共立了十四博士。每一博士各有弟子员若干人。每家有所谓“师法”或“家法”，从学者必须严守。这时候经学已成利禄的途径，治经学的自然就多起来了。《尚书》也立下欧阳（和伯）、大小夏侯（夏侯胜、夏侯建）三博士，却都是伏生一派分出来的。当时去伏生已久，传经的儒者为使人尊信的缘故，竟有硬说《尚书》完整无缺的。他们说，二十九篇是取法天象的，一座北斗星加上二十八宿，不正是二十九吗！这二十九篇，东汉经学大师马融、郑玄都给作过注；可是那些注现在差不多亡失干净了。

汉景帝时，鲁恭王为了扩展自己的宫殿，去拆毁孔子的旧宅。在墙壁里得着“古文”经传数十篇，其中有《书》。这些经传都是用“古文”写的，所谓“古文”，其实只是晚周民间别体字。那时恭王肃然起敬，不敢再拆房子，并且将些书都交还孔家的主人孔子的后人叫孔安国的。安国加以整理，发见其中的《书》比通行本多出十六篇，这称为《古文尚书》。武帝时，安国将这部书献上去。因为语言和字体的两重困难，一时竟无人能通读那些“逸书”，所以便一直压在皇家图书馆里。成帝时，刘向、刘歆父子先后领校皇家藏书。刘向开始用《古文尚书》校勘今文本子，校出今文脱简及异文各若干。哀帝时，刘歆想将《左氏春秋》《毛诗》《逸礼》及《古文尚书》，立博士，这些都是所谓“古文”经典。当时的五经博士不以为然，刘歆写了长信和他们争辩。这便是后来所谓今古文之争。

今古文之争是西汉经学一大史迹。所争的虽然只在几种经书，他们却以为关系孔子之道即古代圣帝明王之道甚大。“道”其实也是幌子，骨子里所争的还在禄位与声势；当时今古文派在这一点上是一致的。不过两派的学风确也有不同处。大致今文派继承先秦诸子的风气，“思以其道易天下”，所以主张通经致用。他们解经，只重微言大义；而所谓微言大义，其实只是他们自己的历史哲学和政治哲学。古文派不重哲学而重历史，他们要负起保存和传布文献的责任；所留心的是在章句、训诂、典礼、名物之间。他们各得了孔子的一端，各有偏畸的地方。到了东汉，书籍流传渐多，民间私学日盛。私学压倒了官学，古文经学压倒了今文经学；学者也以兼通为贵，不再专主一家。但是这时候“古文”经典中《逸礼》即《礼古经》已经亡佚，《尚书》之学，也不昌盛。

东汉初，杜林曾在西州（今新疆境）得漆书《古文尚书》一卷，非常宝爱，流离兵乱中，老是随身带着。他是怕“《古文尚书》学”会绝传，所以这般珍惜。当时经师贾逵、马融、郑玄都给那一卷《古文尚书》作注，从此《古文尚书》才显于世。原来“《古文尚书》学”直到贾逵才真正开始，从前是没有甚么师说的。而杜林所得只一卷，决不如孔壁所出的多，学者竟爱重到那般地步。大约孔安国献的那部《古文尚书》，一直埋没在皇家图书馆里，民间也始终没有盛行，经过西汉末年的兵乱，便无声无臭地亡失了罢。杜林的那一卷，虽经诸大师作注，却也没传到后世；这许又是三国兵乱的缘故。《古文尚书》的运气真够坏的，不但没有能够露头角，还一而再地遭到了些冒名顶替的事儿。这在西汉就有。汉成帝时，因孔安国所献的《古文尚书》无人通晓，下诏征求能够通晓的人。东莱有个张霸，不知孔壁的书还在，便根据《书序》，将伏生二十九篇分为数十，作为中段，又采《左氏传》及《书序》所说，补作首尾，共成《古文尚书百二篇》。每篇都很简短，文意又浅陋。他将这伪书献上去。成帝教用皇家图书馆藏着的孔壁《尚书》对看，满不是的。成帝便将张霸下在狱里，却还存着他的书，并且听它流传世间。后来张霸的再传弟子樊并谋反，朝廷才将那书毁废；这第一部伪《古文尚书》就从此失传了。

到了三国末年，魏国出了个王肃，是个博学而有野心的人。他伪作了《孔子家语》《孔丛子》，又伪作了一部孔安国的《古文尚书》，还带着孔安国的传。他是个聪明人，伪造这部《古文尚书》孔传，是很费了心思的。他采辑群籍中所引"逸书"，以及历代嘉言，改头换面，巧为联缀，成功了这部书。他是参照汉儒的成法，先将伏生二十九篇分割为三十三篇，另增多二十五篇，共五十八篇，以合于东汉儒者如桓谭、班固所记的《古文尚书》篇数。所增各篇，用力阐明儒家的"德治主义"，满纸都是仁义道德的格言。这是汉武帝罢黜百家、专崇儒学以来的正统思想，所谓大经大法，足以取信于人。只看宋以来儒者所口诵心维的"十六字心传"，正在他伪作的《大禹谟》里，便见出这部伪书影响之大。其实《尚书》里的主要思想，该是"鬼治主义"，像《盘庚》等篇所表现的。"原来西周以前，君主即教主，可以为所欲为，不受甚么政治道德的拘束。逢到臣民不听话的时候，只要抬出上帝和先祖来，自然一切解决。"这叫做"鬼治主义"。"西周以后，因疆域的开拓，交通的便利，富力的增加，文化大开。自孔子以至荀卿、韩非，他们的政治学说都建筑在人性上面。尤其是儒家，把人性扩张得极大。他们觉得政治的良好只在诚信的感应，只要君主的道德好，臣民自然风从，用不到威力和鬼神的压迫。”这叫做“德治主义”。看古代的档案，包含着“鬼治主义”思想的，自然比包含着“德治主义”思想的可信得多。但是王肃的时代早已是“德治主义”的时代，他的伪书所以专从这里下手。他果然成功了。只是词旨坦明，毫无诘屈聱牙之处，却不免露出了马脚。

晋武帝时候，孔安国的《古文尚书》曾立过博士；这《古文尚书》大概就是王肃伪造的。王肃是武帝的外祖父，当时即使有怀疑的人，也不敢说话。可是后来经过怀帝永嘉之乱，这部伪书也散失了，知道的人很少。东晋元帝时，豫章内史梅赜发现了它，便拿来献到朝廷上去。这时候伪《古文尚书》孔传便和马、郑注的尚书并行起来了。大约北方的学者还是信马、郑的多，南方的学者才是信伪孔的多。等到隋统一了天下，南学压倒了北学，马、郑《尚书》，习者渐少。唐太宗时，因章句繁杂，诏令孔颖达等编撰《五经正义》；高宗永徽四年（西元六五三），颁行天下，考试必用此本。《正义》成了标准的官书，经学从此大统一。那《尚书正义》便用的伪《古文尚书》孔传。伪孔定于一尊，马、郑便更没人理睬了；日子一久，自然就残缺了，宋以来差不多就算亡了。伪《古文尚书》孔传如此这般冒名顶替了一千年，直到清初的时候。

这一千年中间，却也有怀疑伪《古文尚书》孔传的人。南宋的吴棫首先发难。他有《书稗传》十三卷，可惜不传了。朱子因孔安国的“古文”字句皆完整，又平顺易读，也觉得可疑。但是他们似乎都还没有去找出确切的证据。至少朱子还不免疑信参半，他还采取伪《大禹谟》里“人心”“道心”的话解释“四书”，建立道统呢。元代的吴澄才断然地将伏生今文从伪古文分出，他的《尚书纂言》只注解今文，将伪古文除外。明代梅鷟著《尚书考异》，更力排伪孔，并找出了相当的证据。但是严密钩稽决疑定谳的人，还得等待清代的学者。这里该提出三个可尊敬的名字。第一是清初的阎若璩，著《古文尚书疏证》。第二是惠栋，著《古文尚书考》，两书辨析详明，证据确凿，教伪孔体无完肤，真相毕露。但将作伪的罪名加在梅赜头上，还不免未达一间。第三是清中叶的丁晏，著《尚书余论》，才将真正的罪人王肃指出。千年公案，从此可以定论。这以后等着动手的，便是搜辑汉人的伏生《尚书》说和马、郑注。这方面努力的不少，成绩也斐然可观；不过所能做到的，也只是抱残守缺的工作罢了。伏生《尚书》从千年迷雾中重露出真面目，清代诸大师的劳绩是不朽的。但二十九篇固是真本，其中也还该分别地看。照近人的意见，《周书》大都是当时史官所记，只有一二篇像是战国时人托古之作。《商书》究竟是当时史官所记，还是周史官追记，尚在然疑之间。《虞夏书》大约多是战国末年人托古之作，只《甘誓》那一篇许是后代史官追记的。这么着，《今文尚书》里便也有了真伪之分了。

参考资料

王先谦《尚书孔传参正序例》及卷三十六《伪孔安国序》

顾颉刚《论今文尚书著作时代书》（《古史辨》第一册）

《诗经》第四

诗的源头是歌谣。上古时候，没有文字，只有唱的歌谣，没有写的诗。一个人高兴的时候或悲哀的时候，常愿意将自己的心情诉说出来，给别人或自己听。日常的言语不够劲儿，便用歌唱；一唱三叹得叫别人回肠荡气。唱叹再不够的话，便手也舞起来了，脚也蹈起来了，反正要将劲儿使到了家。碰到节日，大家聚在一起酬神作乐，唱歌的机会更多。或一唱众和，或彼此竞胜。传说葛天氏的乐八章，三个人唱，拿着牛尾，踏着脚，似乎就是描写这种光景的。歌谣越唱越多，虽没有书，却存在人的记忆里。有了现成的歌儿，就可借他人酒杯，浇自己块垒；随时拣一支合式的唱唱，也足可消愁解闷。若没有完全合式的，尽可删一些改一些，到称意为止。流行的歌谣中往往不同的词句并行不悖，就是为此。可也有经过众人修饰，成为定本的。歌谣真可说是“一人的智慧，多人的机锋”了。

歌谣可分为徒歌和乐歌。徒歌是随口唱，乐歌是随着乐器唱。徒歌也有节奏，手舞脚蹈便是帮助节奏的；可是乐歌的节奏更规律化些。乐器在中国似乎早就有了，《礼记》里说的土鼓土槌儿，芦管儿，也许是我们乐器的老祖宗。到了《诗经》时代，有了琴瑟钟鼓，已是洋洋大观了。歌谣的节奏最主要的靠重叠或叫复沓，本来歌谣以表情为主，只要翻来覆去将情表到了家就成，用不着费话。重叠可以说原是歌谣的生命，节奏也便建立在这上头。字数的均齐，韵脚的调协，似乎是后来发展出来的。有了这些，重叠才在诗歌里失去主要的地位。

有了文字以后，才有人将那些歌谣纪录下来，便是最初的写的诗了。但纪录的人似乎并不是因为欣赏的缘故，更不是因为研究的缘故。他们大概是些乐工，乐工的职务是奏乐和唱歌；唱歌得有词儿，一面是口头传授，一面也就有了唱本儿。歌谣便是这么写下来的。我们知道“春秋”时的乐工就和后世阔人家的戏班子一样，老板叫做太师。那时各国都养着一班乐工，各国使臣来往，宴会时都得奏乐唱歌。太师们不但得搜集本国乐歌，还得搜集别国乐歌。不但搜集乐词，还得搜集乐谱。那时的社会有贵族与平民两级。太师们是伺候贵族的，所搜集的歌儿自然得合贵族们的口味；平民的作品是不会入选的。他们搜得的歌谣，有些是乐歌，有些是徒歌。徒歌得合乐才好用。合乐的时候，往往得增加重叠的字句或章节，便不能保存歌词的原来样子。除了这种搜集的歌谣以外，太师们所保存的还有贵族们为了特种事情，如祭祖、宴客、房屋落成、出兵、打猎等等作的诗。这些可以说是典礼的诗。又有讽谏、颂美等等的献诗，献诗是臣下作了献给君上，准备让乐工唱给君上听的，可以说是政治的诗。太师们保存下这些唱本儿，带着乐谱；唱词儿共有三百多篇，当时通称作“诗三百”。到了战国时代，贵族渐渐衰落，平民渐渐抬头，新乐代替了古乐，职业的乐工纷纷散走。乐谱就此亡失，但是还有三百来篇唱词儿流传下来，便是后来的《诗经》了。

“诗言志”是一句古话；“诗”（訨）这个字就是“言”“志”两个字合成的。但古代所谓“言志”和现在所谓“抒情”并不一样，那“志”总是关联着政治或教化的。春秋时通行赋诗。在外交的宴会里，各国使臣往往得点一篇诗或几篇诗叫乐工唱。这很像现在的请客点戏，不同处是所点的诗句必加上政治的意味。这可以表示这国对那国或这人对那人的愿望、感谢、责难等等，都从诗篇里断章取义。断章取义是不管上下文的意义，只将一章中一两句拉出来，就当前的环境，作政治的暗示。如《左传》襄公二十七年，郑伯宴晋使赵孟于垂陇，赵孟请大家赋诗，他想看看大家的“志”。子太叔赋的是《野有蔓草》。原诗首章云：“野有蔓草，零露漙兮，有美一人，清扬婉兮。邂逅相遇，适我愿兮。”子太叔只取末两句，借以表示郑国欢迎赵孟的意思；上文他就不管。全诗原是男女私情之作，他更不管了。可是这样办正是“诗言志”，在那回宴会里，赵孟就和子太叔说了“诗以言志”这句话。

到了孔子时代，赋诗的事已经不行了，孔子却采取了断章取义的办法，用诗来讨论做学问做人的道理。“如切如磋，如琢如磨”，本来说的是治玉，将玉比人。他却用来教训学生做学问的工夫。“巧笑倩兮，美目盼兮，素以为绚兮”，本来说的是美人，所谓天生丽质。他却拉出末句来比方作画，说先有白底子，才会有画，是一步步进展的；作画还是比方，他说的是文化，人先是朴野的，后来才进展了文化——文化必须修养而得，并不是与生俱来的。他如此解诗，所以说“思无邪”一句话可以包括“诗三百”的道理；又说诗可以鼓舞人，联合人，增加阅历，发泄牢骚，事父事君的道理都在里面。孔子以后，“诗三百”成为儒家的“六经”之一，《庄子》和《荀子》里都说到“诗言志”，那个“志”便指教化而言。

但“春秋”时列国的赋诗只是用诗，并非解诗；那时诗的主要作用还在乐歌，因乐歌而加以借用，不过是一种方便罢了。至于诗篇本来的意义，那时原很明白，用不着讨论。到了孔子时代，诗已经不常歌唱了，诗篇本来的意义，经过了多年的借用，也渐渐含糊了。他就按着借用的办法，根据他教授学生的需要，断章取义地来解释那些诗篇。后来解释《诗经》的儒生都跟着他的脚步走。最有权威的毛氏《诗传》和郑玄《诗笺》差不多全是断章取义，甚至断句取义——断句取义是在一句两句里拉出一个两个字来发挥，比起断章取义，真是变本加厉了。

毛氏有两个人：一个毛亨，汉时鲁国人，人称为大毛公，一个毛苌，赵国人，人称为小毛公；是大毛公创始《诗经》的注解，传给小毛公，在小毛公手里完成的。郑玄是东汉人，他是专给《毛传》作笺的，有时也采取别家的解说；不过别家的解说在原则上也还和毛氏一鼻孔出气，他们都是以史证诗。他们接受了孔子“无邪”的见解，又摘取了孟子的“知人论世”的见解，以为用孔子的诗的哲学，别裁古代的史说，拿来证明那些诗篇是什么时代作的，为什么事作的，便是孟子所谓“以意逆志”。其实孟子所谓“以意逆志”倒是说要看全篇大意，不可拘泥在字句上，与他们不同。他们这样猜出来的作诗人的志，自然不会与作诗人相合；但那种志倒是关联着政治教化而与“诗言志”一语相合的。这样的以史证诗的思想，最先具体地表现在《诗序》里。

《诗序》有《大序》《小序》。《大序》好像总论，托名子夏，说不定是谁作的。《小序》每篇一条，大约是大小毛公作的。以史证诗，似乎是《小序》的专门任务；传里虽也偶然提及，却总以训诂为主，不过所选取的字义，意在助成序说，无形中有个一定方向罢了。可是《小序》也还是泛说的多，确指的少。到了郑玄，才更详密地发展了这个条理。他按着《诗经》中的国别和篇次，系统地附合史料，编成了《诗谱》，差不多给每篇诗确定了时代；笺中也更多地发挥了作为各篇诗的背景的历史。以史证诗，在他手里算是集大成了。

《大序》说明诗的教化作用，这种作用似乎建立在风、雅、颂、赋、比、兴，所谓“六义”上。《大序》只解释了风、雅、颂。说风是风化（感化）、风刺的意思，雅是正的意思，颂是形容盛德的意思。这都是按着教化作用解释的。照近人的研究，这三个字大概都从音乐得名。风是各地方的乐调，《国风》便是各国土乐的意思。雅就是“乌”字，似乎是描写这种乐的呜呜之音。雅也就是“夏”字，古代乐章叫做“夏”的很多，也许原是地名或族名。雅又分《大雅》《小雅》，大约也是乐调不同的缘故。颂就是“容”字，容就是“样子”；这种乐连歌带舞，舞就有种种样子了。风、雅、颂之外，其实还该有个“南”。南是南音或南调，《诗经》中《周南》《召南》的诗，原是相当于现在河南、湖北一带地方的歌谣。《国风》旧有十五，分出二南，还剩十三；而其中邶、鄘两国的诗，现经考定，都是卫诗，那么只有十一《国风》了。颂有《周颂》《鲁颂》《商颂》《商颂》经考定实是《宋颂》。至于搜集的歌谣，大概是在二南、《国风》和《小雅》里。

赋、比、兴的意义，说数最多。大约这三个名字原都含有政治和教化的意味。赋本是唱诗给人听，但在《大序》里，也许是“直铺陈今之政教善恶”的意思。比、兴都是《大序》所谓“主文而谲谏”，不直陈而用譬喻叫“主文”，委婉讽刺叫“谲谏”。说的人无罪，听的人却可警诫自己。《诗经》里许多譬喻就在比、兴的看法下，断章断句地硬派作政教的意义了。比、兴都是政教的譬喻，但在诗篇发端的叫做兴。《毛传》只在有兴的地方标出，不标赋比；想来赋义是易见的，比、兴虽都是曲折成义，但兴在发端，往往关系全诗，比较更重要些，所以便特别标出了。《毛传》标出的兴诗，共一百十六篇，《国风》中最多，《小雅》第二；按现在说，这两部分搜集的歌谣多，所以譬喻的句子也便多了。

参考资料

顾颉刚《诗经在春秋战国间的地位》（《古史辨》第三册下）

顾颉刚《论<诗经>所录全为乐歌》（同上）

朱自清《言志说》（《语言与文学》）

朱自清《赋比兴说》（《清华学报》十二卷三期）

三礼第五

许多人家的中堂里，供奉着“天地君亲师”的大牌位。天地代表生命的本源。亲是祖先的意思，祖先是家族的本源。君师是政教的本源。人情不能忘本，所以供奉着这些。荀子只称这些为礼的三本，大概是到了后世才宗教化了的。荀子是儒家大师。儒家所称道的礼，包括政治制度，宗教仪式，社会风俗习惯等等，却都加以合理的说明。从那“三本说”，可以知道儒家有拿礼来包罗万象的野心，他们认礼为治乱的根本，这种思想可以叫做礼治主义。

怎样叫做礼治呢？儒家说初有人的时候，各人有各人的欲望，各人都要满足自己的欲望；没有界限，没有分际，大家就争起来了。你争我争，社会就乱起来了。那时的君师们看了这种情形，就渐渐给定出礼来，让大家按着贵贱的等级，长幼的次序，各人得着自己该得的一份儿吃的喝的穿的住的，各人也做着自己该做的一份儿工作。各等人有各等人的界限和分际，若是只顾自己，不管别人，任性儿贪多务得，偷懒图快活，这种人就得受严厉的制裁，有时候保不住性命。这种礼，教人节制，教人和平，建立起社会的秩序，可以说是政治制度。

天生万物，是个很古的信仰。这个天是个能视能听的上帝，管生杀，管赏罚。在地上的代表，便是天子。天子祭天，和子孙祭祖先一样。地生万物是个事实。人都靠着地里长的活着，地里长的不够了，便闹饥荒，地的力量自然也引起了信仰。天子诸侯祭社稷，祭山川，都是这个来由。最普遍的还是祖先的信仰。直到我们的时代，这个信仰还是很有力的。按儒家说，这些信仰都是“报本返始”的意思。报本返始是庆幸生命的延续，追念本源，感恩怀德，勉力去报答的意思。但是这里面怕不单是怀德，还有畏威的成分。感谢和恐惧产生了种种祭典。儒家却只从感恩一面加以说明，看做礼的一部分。但这种礼教人恭敬，恭敬便是畏威的遗迹了。儒家的丧礼，最主要的如三年之丧，也建立在感恩的意味上；却因恩谊的亲疏，又定出等等差别来。这种礼，大部分可以说是宗教仪式。

居丧一面是宗教仪式，一面是普通人事。普通人事包括一切日常生活而言。日常生活都需要秩序和规矩。居丧以外，如婚姻、宴会等大事，也各有一套程序，不能随便马虎过去；这样是表示郑重，也便是表示敬意和诚心。至于对人，事君，事父母，待兄弟姊妹，待子女，以及夫妇朋友之间，也都自有一番道理。按着尊卑的分际，各守各的道理，君仁臣忠，父慈子孝，兄友弟恭，夫妇朋友互相敬爱，才算能做人；人人能做人，天下便治了。就是一个人饮食言动，也都该有个规矩，别叫旁人难过，更别侵犯着旁人，反正诸事都记得着自己的份儿。这些个规矩也是礼的一部分，有些固然含着宗教意味，但大部分可以说是风俗习惯。这些风俗习惯有一些也可以说是生活的艺术。

王道不外乎人情，礼是王道的一部分，按儒家说是通乎人情的。既通乎人情，自然该诚而不伪了。但儒家所称道的礼，并不全是实际施行的。有许多只是他们的理想，这种就不一定通乎人情了。就按那些实际施行的说，每一个制度、仪式或规矩，固然都有它的需要和意义。但是社会情形变了，人的生活跟着变；人的喜怒爱恶虽然还是喜怒爱恶，可是对象变了。那些礼的惰性却很大，并不跟着变。这就留下了许许多多遗形物，没有了需要，没有了意义；不近人情的伪礼，只会束缚人。《老子》里攻击礼，说“有了礼，忠信就差了”；后世有些人攻击礼，说“礼不是为我们定的”，近来大家攻击礼教，说“礼教是吃人的”。这都是指着那些个伪礼说的。

从来礼乐并称，但乐实在是礼的一部分；乐附属于礼，用来补助仪文的不足。乐包括歌和舞，是“人情之所必不免”的。不但是“人情之所必不免”，而且乐声的绵延和融和也象征着天地万物的“流而不息，合同而化”。这便是乐本。乐教人平心静气，互相和爱，教人联合起来，成为一整个儿。人人能够平心静气，互相和爱，自然没有贪欲、捣乱、欺诈等事，天下就治了。乐有改善人心、移风易俗的功用，所以与政治是相通的。按儒家说，礼乐刑政，到头来只是一个道理；这四件都顺理成章了，便是王道。这四件是互为因果的。礼坏乐崩，政治一定不成；所以审乐可以知政。“治世之音安以乐，其政和；乱世之音怨以怒，其政乖；亡国之音哀以思，其民困。”吴公子季札到鲁国观乐，乐工奏那一国的乐，他就知道是那一国的；他是从乐歌里所表现的政治气象而知道的。歌词就是诗，诗与礼乐也是分不开的。孔子教学生要“兴于诗，立于礼，成于乐”，那时要养成一个人才，必须学习这些。这些诗、礼、乐，在那时代都是贵族社会所专有，与平民是无干的。到了战国，新声兴起，古乐衰废，听者只求悦耳，就无所谓这一套乐意。汉以来胡乐大行，那就更说不到了。

古代似乎没有关于乐的经典；只有《礼记》里的《乐记》，是抄录儒家的《公孙尼子》等书而成，原本已经是战国时代的东西了。关于礼，汉代学者所传习的有三种经和无数的“记”。那三种经是《仪礼》《礼古经》《周礼》。《礼古经》已亡佚，《仪礼》和《周礼》相传都是周公作的。但据近来的研究，这两部书实在是战国时代的产物。《仪礼》大约是当时实施的礼制，但多半只是士的礼。那些礼是很繁琐的，踵事增华的多，表示诚意的少，已经不全是通乎人情的了。《仪礼》可以说是宗教仪式和风俗习惯的混合物；《周礼》却是一套理想的政治制度。那些制度的背景可以看出是战国时代，但组成了整齐的系统，便是著书人的理想了。

“记”是儒家杂述礼制、礼制变迁的历史，或礼论之作；所述的礼制有实施的，也有理想的。又叫做《礼记》：这《礼记》是一个广泛的名称。这些“记”里包含着《礼古经》的一部分。汉代所见的“记”很多，但流传到现在的只有三十八篇《大戴记》和四十九篇《小戴记》。后世所称《礼记》，多半专指《小戴记》说。大戴是戴德，小戴是戴圣，戴德的侄儿。相传他们是这两部书的编辑人。但二戴都是西汉的《仪礼》专家。汉代有“五经”博士，凡是一家一派的经学影响大的，都可以立博士。大戴仪礼学后来立了博士，小戴本人就是博士。汉代经师的家法最严，一家的学说里绝不能掺杂别家。但现存的两部“记”里都各掺杂着非二戴的学说。所以有人说这两部书是别人假托二戴的名字纂辑的，至少是二戴原书多半亡佚，由别人拉杂凑成的——可是成书也还在汉代。——这两部书里，《小戴记》容易些，后世诵习的人比较多些；所以差不多专占了《礼记》的名字。

参考资料

洪业《礼记引得序》《仪礼引得序》

《春秋》三传第六

“春秋”是古代记事史书的通称。古代朝廷大事，多在春秋二季举行，所以记事的书用这个名字。各国有各国的春秋，但是后世都不传了。传下的只有一部《鲁春秋》，“春秋”成了它的专名，便是《春秋经》了。传说这部《春秋》是孔子作的，至少是他编的。鲁哀公十四年，鲁西有猎户打着一只从没有见过的独角怪兽，想着定是个不祥的东西；将它扔了。这个新闻传到了孔子那里，他便去看。他一看，就说：“这是麟啊。为谁来的呢！干什么来的呢！唉唉！我的道不行了！”说着流下泪来，赶忙将袖子去擦，泪点儿却已滴到衣襟上。原来麟是个仁兽，是个祥瑞的东西，圣帝明王在位，天下太平，它才会来，不然是不会来的。可是那时代哪有圣帝明王？天下正乱纷纷的，麟来的真不是时候，所以让猎户打死；它算是倒了运了。

孔子这时已经年老，也常常觉着生的不是时候，不能行道；他为周朝伤心，也为自己伤心。看了这只死麟，一面同情它，一面也引起自己的无限感慨。他觉着生平说了许多教，当世的人君总不信他，可见空话不能打动人。他发愿修一部《春秋》，要让人从具体的事例里，得到善恶的教训；他相信这样得来的教训比抽象的议论深切著明得多。他觉得修成了这部《春秋》，虽然不能行道，也算不白活一辈子。这便动起手来，九个月书就成功了。书起于鲁隐公，终于获麟；因获麟有感而作，所以叙到获麟绝笔，是纪念的意思。但是《左传》里所载的《春秋经》，获麟后还有，而且在记了“孔子卒”的哀公十六年后还有：据说那却是他的弟子们续修的了。

这个故事虽然够感伤的，但我们从种种方面知道，它却不是真的。《春秋》只是鲁国史官的旧文，孔子不曾掺进手去。《春秋》可是一部信史，里面所记的鲁国日食，有三十次和西方科学家所推算的相合，这决不是偶然的。不过书中残阙、零乱和后人增改的地方，都很不少。书起于隐公元年，到哀公十四年止，共二百四十二年（西元前七二二—四八一）；后世称这二百四十二年为春秋时代。书中纪事按年月日，这叫做编年。编年在史学上是个大发明，这教历史系统化，并增加了它的确实性。《春秋》是我国现存的第一部编年史。书中虽用鲁国纪元，所记的却是各国的事，所以也是我们第一部通史。所记的齐桓公、晋文公的霸迹最多，后来说“尊王攘夷”是春秋大义，便是从这里着眼。

古代史官记事，有两种目的：一是征实，二是劝惩。像晋国董狐不怕权势，记“赵盾弑其君”，齐国太史记“崔杼弑其君”，虽杀身不悔，都为的是征实和惩恶，作后世的鉴戒。但是史文简略，劝惩的意思有时不容易看出来，因此便需要解说的人。《国语》记楚国申叔时论教太子的科目，有“春秋”一项，说“春秋”有奖善惩恶的作用，可以戒劝太子的心。孔子是第一个开门授徒，拿经典教给平民的人，《鲁春秋》也该是他的一种科目。关于劝惩的所在，他大约有许多口义传给弟子们。他死后，弟子们散在四方，就所能记忆的又教授开去。《左传》《公羊传》《穀梁传》，所谓“春秋三传”里，所引孔子解释和评论的话，大概就是检的这一些。

三传特别注重《春秋》的劝惩作用，征实与否，倒在其次。按三传的看法，《春秋》大义可以从两方面说：明辨是非，分别善恶，提倡德义，从成败里见教训，这是一；夸扬霸业，推尊周室，亲爱中国，排斥夷狄，实现民族大一统的理想，这是二。前者是人君的明鉴，后者是拨乱反正的程序。这都是王道。而敬天事鬼，也包括在王道里。《春秋》里记灾，表示天罚，记鬼，表示恩仇，也还是劝惩的意思。古代记事的书常夹杂着好多的迷信和理想，《春秋》也不免如此；三传的看法，大体上是对的。但在解释经文的时候，却往往一个字一个字地咬嚼；这一咬嚼，便不顾上下文穿凿傅会起来了。《公羊》《穀梁》，尤其如此。

这样咬嚼出来的意义就是所谓“书法”，所谓“褒贬”，也就是所谓“微言”。后世最看重这个。他们说孔子修《春秋》，“笔则笔，削则削”，“笔”是书，“削”不是书，都有大道理在内。又说一字之褒，比教你做王公还荣耀，一字之贬，比将你做罪人杀了还耻辱。本来孟子说过，“孔子成《春秋》而乱臣贼子惧”，那似乎只指概括的劝惩作用而言。等到褒贬说发展，孟子这句话倒像更坐实了。而孔子和《春秋》的权威也就更大了。后世史家推尊孔子，也推尊《春秋》，承认这种书法是天经地义；但实际上他们却并不照三传所咬嚼出来的那么穿凿傅会地办。这正和后世诗人尽管推尊《毛诗传笺》里比、兴的解释，实际上却不那样穿凿傅会地作诗一样。三传，特别是《公羊传》和《穀梁传》，和《毛诗传笺》，在穿凿解经这件事上是一致的。

三传之中，公羊、穀梁两家全以解经为主，左氏却以叙事为主。公、穀以解经为主，所以咬嚼得更利害些。战国末期，专门解释《春秋》的有许多家，公、穀较晚出而仅存。这两家固然有许多彼此相异之处，但渊源似乎是相同的；他们所引别家的解说也有些是一样的。这两种《春秋经传》经过秦火，多有残阙的地方；到汉景帝、武帝时候，才有经师重加整理，传授给人。“公羊”“穀梁”只是家派的名称，仅存姓氏，名字已不可知。至于他们解经的宗旨，已见上文；《春秋》本是儒家传授的经典，解说的人，自然也离不了儒家，在这一点上，三传是大同小异的。

《左传》这部书，汉代传为鲁国左丘明所作。这个左丘明，有的说是“鲁君子”，有的说是孔子的朋友；后世又有说是鲁国的史官的。这部书历来讨论的最多。汉时有五经博士。凡解说五经自成一家之学的，都可立为博士。立了博士，便是官学；那派经师便可做官受禄。当时春秋立了《公》《穀》二传的博士。《左传》流传得晚些，古文派经师也给它争立博士。今文派却说这部书不得孔子《春秋》的真传，不如公穀两家。后来虽一度立了博士，可是不久还是废了。倒是民间传习的渐多，终于大行！原来公、穀不免空谈，《左传》却是一部仅存的古代编年通史（残缺又少），用处自然大得多。《左传》以外，还有一部分国记载的《国语》，汉代也认为左丘明所作，称为《春秋外传》。后世学者怀疑这一说的很多。据近人的研究，《国语》重在"语"，记事颇简略，大约出于另一著者的手，而为《左传》著者的重要史料之一。这书的说教，也不外尚德、尊天、敬神、爱民，和《左传》是很相近的，只不知著者是谁。其实《左传》著者我们也不知道。说是左丘明，但矛盾太多，不能教人相信。《左传》成书的时代大概在战国，比公穀二传早些。

《左传》这部书大体依《春秋》而作，参考群籍，详述史事，征引孔子和别的"君子"解经评史的言论，吟味书法，自成一家言。但迷信卜筮，所记祸福的预言，几乎无不应验；这却大大违背了征实的精神，而和儒家的宗旨也不合了。晋范宁作《穀梁传序》说，"左氏艳而富，其失也巫"；"艳"是文章美，"富"是材料多，"巫"是多叙鬼神，预言祸福。这是句公平话。注《左传》的，汉代就不少，但那些许多已散失；现存的只有晋杜预注，算是最古了。

杜预作《春秋序》，论到《左传》，说"其文缓，其旨远"；"缓"是委婉，"远"是含蓄。这不但是好史笔，也是好文笔。所以《左传》不但是史学的权威，也是文学的权威。《左传》的文学本领，表现在记述辞令和描写战争上。春秋列国，盟会颇繁，使臣会说话不会说话，不但关系荣辱，并且关系利害，出入很大，所以极重辞令。《左传》所记当时君臣的话，从容委曲，意味深长。只是平心静气地说，紧要关头却不放松一步；真所谓恰到好处。这固然是当时风气如此，但不经《左传》著者的润饰工夫，也决不会那样在纸上活跃的。战争是个复杂的程序，叙得头头是道，已经不易，叙得有声有色，更难，这差不多全靠忙中有闲，透着优游不迫神儿，才成。这却正是《左传》著者所擅长的。

参考资料

洪业《春秋传引得序》

四书第七

“四书五经”到现在还是我们口头上一句熟语。“五经”是《易》《书》《诗》《礼》《春秋》；“四书”按照普通的顺序是《大学》《中庸》《论语》《孟子》，前二者又简称《学》《庸》，后二者又简称《论》《孟》；有了简称，可见这些书是用得很熟的。本来呢，从前私塾里，学生入学，是从四书读起的。这是那些时代的小学教科书，而且是统一的标准的小学教科书，因为没有不用的。那时先生不讲解，只让学生背诵，不但得背正文，而且得背朱熹的小注。只要囫囵吞枣地念，囫囵吞枣地背；不懂不要紧，将来用得着，自然会懂的。怎么说将来用得着？那些时候行科举制度。科举是一种竞争的考试制度，考试的主要科目是八股文，题目都出在四书里，而且是朱注的四书里。科举分几级，考中的得着种种出身或资格，凭着这种资格可以建功立业，也可以升官发财；作好作歹，都得先弄个资格到手。科举几乎是当时读书人唯一的出路。每个学生都先读四书，而且读的是朱注，便是这个缘故。

将朱注四书定为科举用书，是从元仁宗皇庆二年（西元一三一三）起的。规定这四种书，自然因为这些书本身重要，有人人必读的价值；规定朱注，也因为朱注发明书义比旧注好些，切用些。这四种书原来并不在一起，《学》《庸》都在《礼记》里，《论》《孟》是单行的。这些书原来只算是诸子书，朱子原来也只称为“四子”；但《礼记》《论》《孟》在汉代都立过博士，已经都升到经里去了。后来唐代的“九经”里虽然只有《礼记》，宋代的“十三经”却又将《论》《孟》收了进去。《中庸》很早就被人单独注意，汉代已有关于《中庸》的著作，六朝时也有，可惜都不传了。关于《大学》的著作，却直到司马光的《大学通义》才开始，这部书也不传了。这些著作并不曾教《学》《庸》普及，教《学》《庸》和《论》《孟》同样普及的是朱子的注，四书也是他编在一起的，四书的名字也因他而有。

但最初用力提倡这几种书的是程颢、程颐兄弟。他们说：“《大学》是孔门的遗书，是初学者入德的门径。只有从这部书里，还可以知道古人做学问的程序。从《论》《孟》里虽也可看出一些，但不如这部书的分明易晓。学者必须从这部书入手，才不会走错了路。”这里没提到《中庸》。可是他们是很推尊《中庸》的。他们在另一处说：“‘不偏’叫做‘中’，‘不易’叫做‘庸’；‘中’是天下的正道，‘庸’是天下的定理。《中庸》是孔门传授心法的书，是子思记下来传给孟子的。书中所述的人生哲理，意味深长；会读书的细加玩赏，自然能心领神悟，终身受用不尽。”这四种书到了朱子手里才打成一片。他接受二程的见解，加以系统的说明，四种书便贯串起来了。

他说，古来有小学、大学。小学里教洒扫进退的规矩，和礼、乐、射、御、书、数，所谓“六艺”的。大学里教穷理、正心、修己、治人的道理。所教的都切于民生日用，都是实学。《大学》这部书便是古来大学里教学生的方法，规模大，节目详；而所谓“格物、致知、诚意、正心、修身、齐家、治国、平天下”，是循序渐进的。程子说是“初学者入德的门径”，就是为此。这部书里的道理，并不是为一时一事说的，是为天下后世说的。这是“垂世立教的大典”，所以程子举为初学者的第一部书。《论》《孟》虽然也切实，却是“应机接物的微言”，问的不是一个人，记的也不是一个人。浅深先后，次序既不分明，抑扬可否，用意也不一样，初学者领会较难。所以程子放在第二步。至于《中庸》，是孔门的心法，初学者领会更难，程子所以另论。

但朱子的意思，有了《大学》的提纲挈领，便能领会《论》《孟》里精微的分别去处；融贯了《论》《孟》的旨趣，也便能领会《中庸》里的心法。人有人心和道心，人心是私欲，道心是天理。人该修养道心，克制人心，这是心法。朱子的意思，不领会《中庸》里的心法，是不能从大处着眼，读天下的书，论天下的事的。他所以将《中庸》放在第三步，和《大学》《论》《孟》合为四书，作为初学者的基础教本。后来规定四书为科举用书，原也根据这番意思。不过朱子教人读四书，为的成人，后来人读四书，却重在猎取功名；这是不合于他提倡的本心的。至于顺序变为《学》《庸》《论》《孟》，那是书贾因为《学》《庸》篇页不多，合为一本的缘故；通行既久，居然约定俗成了。

《礼记》里的《大学》，本是一篇东西，朱子给分成经一章，传十章；传是解释经的。因为要使传合经，他又颠倒了原文的次序，并补上一段儿。他注《中庸》时，虽没有这样大的改变，可是所分的章节，也与郑玄注的不同。所以这两部书的注，称为《大学章句》《中庸章句》。《论》《孟》的注，却是融合各家而成，所以称为《论语集注》《孟子集注》。《大学》的经一章，朱子想着是曾子追述孔子的话；传十章，他相信是曾子的意思，由弟子们记下的。《中庸》的著者，朱子和程子一样，都接受《史记》的记载，认为是子思。但关于书名的解释，他修正了一些。他说，“中”除“不偏”外，还有“无过无不及”的意思；“庸”解作“不易”，不如解作“平常”的好。照近人的研究，《大学》的思想和文字，很有和荀子相同的地方，大概是荀子学派的著作。《中庸》，首尾和中段思想不一贯，从前就有人疑心。照近来的看法，这部书的中段也许是子思原著的一部分，发扬孔子的学说，如“时中”“忠恕”“知仁勇”“五伦”等。首尾呢，怕是另一关于《中庸》的著作，经后人混合起来的；这里发扬的是孟子的天人相通的哲理，所谓“至诚”“尽性”，都是的。著者大约是一个孟子学派。

《论语》是孔子弟子们记的。这部书不但显示一个伟大的人格——孔子，并且让读者学习许多做学问做人的节目：如“君子”“仁”“忠恕”，如“时习”“阙疑”“好古”“隅反”“择善”“困学”等，都是可以终身应用的。《孟子》据说是孟子本人和弟子公孙丑、万章等共同编定的。书中说“仁”兼说“义”，分辨“义”“利”甚严；而辩“性善”，教人求“放心”，影响更大。又说到“养浩然之气”，那“至大至刚”“配义与道”的“浩然之气”，这是修养的最高境界，所谓天人相通的哲理。书中攻击杨朱、墨翟两派，辞锋咄咄逼人。这在儒家叫做攻异端，功劳是很大的。孟子生在战国时代，他不免“好辩”，他自己也觉得的；他的话流露着“英气”，“有圭角”，和孔子的温润是不同的。所以儒家只称为“亚圣”，次于孔子一等。《孟子》有东汉的赵岐注。《论语》有孔安国、马融、郑玄诸家注，却都已残佚，只零星地见于魏何晏的《集解》里。汉儒注经，多以训诂名物为重，但《论》《孟》词意显明，所以只解释文句，推阐义理而止。魏晋以来，玄谈大盛，孔子已经道家化；解《论语》的也多参入玄谈，参入当时的道家哲学。这些后来却都不流行了。到了朱子，给《论》《孟》作注，虽说融会各家，其实也用他自己的哲学作架子。他注《学》《庸》，更显然如此。他的哲学切于世用，所以一般人接受了，将他解释的孔子当作真的孔子。

他那一套《四书注》实在用尽了平生的力量，改定至再至三；直到临死的时候，他还在改定《大学·诚意章》的注。注以外又作了《四书或问》，发扬注义，并论述对于旧说的或取或舍的理由。他在四书上这样下工夫，一面固然为了诱导初学者，一面还有一个用意，便是排斥老、佛，建立道统。他在《中庸章句序》里论到诸圣道统的传承，末尾自谦说，“于道统之传，不敢妄议”；其实他是隐隐在以传道统自期呢。《中庸》传授心法，正是道统的根本。将它加在《大学》《论》《孟》之后而成四书，朱子自己虽然说是给初学者打基础，但一大半恐怕还是为了建立道统，不过他自己不好说出罢了。他注四书在宋孝宗淳熙年间（西元一一七四——一一八九）。他死后朝廷将他的《四书注》审定为官书，从此盛行起来。他果然成了传儒家道统的大师了。

《战国策》第八

春秋末年，列国大臣的势力渐渐膨胀起来。这些大臣都是世袭的，他们一代一代聚财养众，明争暗夺了君主的权力，建立起自己的特殊地位。等到机会成熟，便跳起来打倒君主自己干。那时候各国差不多都起了内乱。晋国让韩魏赵三家分了，姓姜的齐国也让姓田的大夫占了。这些，周天子只得承认了。这是封建制度崩坏的开始。那时候周室也经过了内乱，土地大半让邻国抢去，剩下的又分为东西周；东西周各有君王，彼此还争争吵吵的。这两位君王早已失去春秋时代“共主”的地位，而和列国诸侯相等了。后来列国纷纷称王，周室更不算回事；他们至多能和宋、鲁等小国君主等量齐观罢了。

秦楚两国也经过内乱，可是站住了。它们本是边远的国家，却渐渐伸张势力到中原来。内乱平后，大加整顿，努力图强，声威便更广了。还有极北的燕国，向来和中原国家少来往；这时候也有力量向南参加国际政治了。秦、楚、燕和新兴的韩、魏、赵、齐，是那时代的大国，称为“七雄”。那些小国呢，从前可以仰仗霸主的保护，作大国的附庸；现在可不成了，只好让人家吞的吞，并的并。算只留下宋、鲁等两三国，给七雄当缓冲地带。封建制度既然在崩坏中，七雄便各成一单位，各自争存，各自争强，国际政局比“春秋”时代紧张多了。战争也比从前严重多了。列国都在自己边界上修起长城来。这时候军器进步了，从前的兵器都用铜打成，现在有用铁打成的了。战术也进步了。攻守的方法都比从前精明，从前只用兵车和步卒，现在却发展了骑兵了。这时候还有以帮人家作战为职业的人。这时候的战争，杀伤是很多的。孟子说："争地以战，杀人盈野；争城以战，杀人盈城。"可见那凶惨的情形。后人因此称这时代为"战国"时代。

在长期混乱之后，贵族有的做了国君，有的渐渐衰灭。这个阶级算是随着封建制度崩坏了。那时候的国君，没有了世袭的大臣，便集权专制起来。辅助他们的是一些出身贵贱不同的士人。那时候君主和大臣都竭力招揽有技能的人，甚至学鸡鸣学狗盗的也都收留着。这是所谓"好客""好士"的风气。其中最高的是说客，是游说之士。当时国际关系紧张，战争随时可起。战争到底是劳民伤财的，况且难得有把握；重要的还是作外交的工夫。外交办得好，只凭口舌排难解纷，可以免去战祸；就是不得不战，也可以多找一些与国，一些帮手。担负这种外交的人，便是那些策士，那些游说之士。游说之士既然这般重要，所以立谈可以取卿相；只要有计谋，会辩说就成，出身的贵贱倒是不在乎的。

七雄中的秦，从孝公用商鞅变法以后，日渐强盛。到后来成了与六国对峙的局势。这时候的游说之士，有的劝六国联合起来抗秦，有的劝六国联合起来亲秦。前一派叫"合纵"，是联合南北各国的意思，后一派叫"连横"，是联合东西各国的意思——只有秦是西方的国家。合纵派的代表是苏秦，连横派的是张仪，他们可以代表所有的战国游说之士。后世提到游说的策士，总想到这两个人，提到纵横家，也总是想到这两个人。他们都是鬼谷先生的弟子。苏秦起初也是连横派。他游说秦惠王，秦惠王老不理他；穷得要死，只好回家。妻子、嫂嫂、父母，都瞧不起他。他恨极了，用心读书，用心揣摩；夜里倦了要睡，用锥子扎大腿，血流到脚上。这样整一年，他想着成了，便出来游说六国合纵。这回他果然成功了，佩了六国相印，又有势又有钱。打家里过的时候，父母郊迎三十里，妻子低头，嫂嫂爬在地下谢罪。他叹道："人生世上，势位富贵，真是少不得的！”张仪和楚相喝酒。楚相丢了一块璧。手下人说张仪穷而无行，一定是他偷的，绑起来打了几百下。张仪始终不认，只好放了他。回家，他妻子说：“唉，要不是读书游说，那会受这场气！”他不理，只说：“看我舌头还在罢？”妻子笑道：“舌头是在的。”他说：“那就成！”后来果然做了秦国的相；苏秦死后，他也大大得意了一番。

苏秦使锥子扎腿的时候，自己发狠道：“哪有游说人主不能得金玉锦绣，不能取卿相之尊的道理！”这正是战国策士的心思。他们凭他们的智谋和辩才，给人家画策，办外交；谁用他们就帮谁。他们是职业的，所图的是自己的功名富贵；帮你的时候帮你，不帮的时候也许害你。翻覆，在他们看来是没有什么的。本来呢，当时七雄分立，没有共主，没有盟主，各干各的，谁胜谁得势。国际间没有是非，爱帮谁就帮谁，反正都一样。苏秦说连横不成，就改说合纵，在策士看来，这正是当然。张仪说舌头在就行，说是说非，只要会说，这也正是职业的态度。他们自己没有理想，没有主张，只求揣摩主上的心理，拐弯儿抹角投其所好。这需要技巧，《韩非子·说难篇》专论这个。说得好固然可以取“金玉锦绣”和“卿相之尊”，说得不好也会招杀身之祸，利害所关如此之大，苏秦费一整年研究揣摩不算多。当时各国所重的是威势，策士所说原不外战争和诈谋；但要因人因地进言，广博的知识和微妙的机智都是不可少的。

记载那些说辞的书叫《战国策》，是汉代刘向编定的，书名也是他提议的。但在他以前，汉初著名的说客蒯通，大约已经加以整理和润饰，所以各篇如出一手。《汉书》本传里记着他“论战国时说士权变，亦自序其说，凡八十一篇，号曰《隽永》”，大约就是刘向所根据的底本了。蒯通那枝笔是很有力量的。铺陈的伟丽，叱咤的雄豪，固然传达出来了；而那些曲折微妙的声口，也丝丝入扣，千载如生。读这部书，真是如闻其语，如见其人。汉以来批评这部书的都用儒家的眼光。刘向的序里说战国时代“捐礼让而贵战争，弃仁义而用诈谲，苟以取强而已矣”，可以代表。但他又说这些是“高才秀士”的“奇策异智”，“亦可喜，皆可观”。这便是文辞的作用了。宋代有个李文叔，也说这部书所记载的事“浅陋不足道”，但“人读之，则必乡其说之工，而忘其事之陋者，文辞之胜移之而已”。又道，说的还不算难，记的才真难得呢。这部书除文辞之胜外，所记的事，上接“春秋”时代，下至楚汉兴起为止，共二百零二年（西元前四〇三—二〇二），也是一部重要的古史。所谓战国时代，便指这里的二百零二年；而“战国”的名称也是刘向在这部书的序里定出的。

参考资料

雷海宗《中国通史选读》第二册（清华大学讲义排印本）

《史记》《汉书》第九

说起中国的史书，《史记》《汉书》，真是无人不知，无人不晓。这有两个原因。一则这两部书是最早的有系统的历史，再早虽然还有《尚书》《鲁春秋》《国语》《春秋左氏传》《战国策》等，但《尚书》《国语》《战国策》，都是记言的史，不是记事的史。《春秋》和《左传》是记事的史了，可是《春秋》太简短，《左氏传》虽够铺排的，而跟着《春秋》编年的系统，所记的事还不免散碎。《史记》创了"纪传体"，叙事自黄帝以来到著者当世，就是汉武帝的时候，首尾三千多年。《汉书》采用了《史记》的体制，却以汉事为断，从高祖到王莽，只二百三十年。后来的史书全用《汉书》的体制，断代成书；二十四史里，《史记》《汉书》以外的二十二史都如此。这称为"正史"。《史记》《汉书》，可以说都是"正史"的源头。二则，这两部书都成了文学的古典；两书有许多相同处，虽然也有许多相异处。大概东汉、魏、晋到唐，喜欢《汉书》的多，唐以后喜欢《史记》的多，而明、清两代尤然。这是两书文体各有所胜的缘故。但历来班、马并称，《史》《汉》连举，它们叙事写人的技术，毕竟是大同的。

《史记》，汉司马迁著。司马迁字子长，左冯翊夏阳（今陕西韩城）人，（景帝中元五年—西元前一四五—生，卒年不详）他是太史令司马谈的儿子。小时候在本乡只帮人家耕耕田放放牛玩儿。司马谈做了太史令，才将他带到京师（今西安）读书。他十岁的时候，便认识“古文”的书了。二十岁以后，到处游历，真是足迹遍天下。他东边到过现在的河北、山东及江、浙沿海，南边到过湖南、江西、云南、贵州，西边到过陕、甘、西康等处，北边到过长城等处；当时的“大汉帝国”，除了朝鲜、河西（今宁夏一带）、岭南几个新开郡外，他都走交了。他的出游，相传是父亲命他搜求史料去的；但也有些处是因公去的。他搜得了多少写的史料，没有明文，不能知道。可是他却看到了好些古代的遗迹，听到了好些古代的轶闻；这些都是活史料，他用来印证并补充他所读的书。他作《史记》，叙述和描写往往特别亲切有味，便是为此。他的游历不但增扩了他的见闻，也增扩了他的胸襟；他能够综括三千多年的事，写成一部大书，而行文又极其抑扬变化之致，可见出他的胸襟是如何的阔大。

他二十几岁的时候，应仕得高第，做了郎中。武帝元封元年（西元前一一〇），大行封禅典礼，步骑十八万，旌旗千余里。司马谈是史官，本该从行；但是病得很重，留在洛阳不能去。司马迁却跟去了。回来见父亲，父亲已经快死了，拉着他的手呜咽着道：“我们先人从虞夏以来，世代做史官；周末弃职他去，从此我家便衰微了。我虽然恢复了世传的职务，可是不成；你看这回封禅大典，我竟不能从行，真是命该如此！再说孔子因为眼见王道缺、礼乐衰，才整理文献，论《诗》《书》，作《春秋》，他的功绩是不朽的。孔子到现在又四百多年了，各国只管争战，史籍都散失了，这得搜求整理；汉朝一统天下，明主、贤君、忠臣、死义之士，也得记载表彰。我做了太史令，却没能尽职，无所论著，真是惶恐万分。你若能继承先业，再做太史令，成就我的未竟之志，扬名于后世，那就是大孝了。你想着我的话罢。”司马迁听了父亲这番遗命，低头流泪答道：“儿子虽然不肖，定当将你老人家所搜集的材料，小心整理起来，不敢有所遗失。”司马谈便在这年死了，司马迁这年三十六岁。父亲的遗命指示了他一条伟大的路。

父亲死的第三年，司马迁果然做了太史令。他有机会看到许多史籍和别的藏书，便开始作整理的工夫。那时史料都集中在太史令手里，特别是汉代各地方行政报告，他那里都有。他一面整理史料，一面却忙着改历的工作；直到太初元年（西元前一〇四），太初历完成，才动手著他的书。天汉二年（西元前九九），李陵奉了贰师将军李广利的命，领了五千兵，出塞打匈奴。匈奴八万人围着他们；他们杀伤了匈奴一万多，可是自己的人也死了一大半。箭完了，又没吃的，耗了八天，等贰师将军派救兵。救兵竟没有影子。匈奴却派人来招降。李陵想着回去也没有脸，就降了。武帝听了这个消息，又急又气。朝廷里纷纷说李陵的坏话。武帝问司马迁，李陵到底是个怎样的人。李陵也做过郎中，和司马迁同过事，司马迁是知道他的。

他说李陵这个人秉性忠义，常想牺牲自己，报效国家。这回以少敌众，兵尽路穷，但还杀伤那么些人，功劳其实也不算小。他决不是怕死的人，他的降大概是假意的，也许在等机会给汉朝出力呢。武帝听了他的话，想着贰师将军是自己派的元帅，司马迁却将功劳归在投降的李陵身上，真是大不敬；便教将他抓起来，下在狱里。第二年，武帝杀了李陵全家，处司马迁宫刑。宫刑是个大辱，污及先人，见笑亲友。他灰心失望已极，只能发愤努力，在狱中专心致志写他的书，希图留个后世名。过了两年，武帝改元太始，大赦天下。他出了狱，不久却又做了宦者做的官，中书令，重被宠信。但他还继续写他的书。直到征和二年（西元前九一），全书才得完成，共一百三十篇，五十二万六千五百字。他死后，这部书部分地流传；到宣帝时，他的外孙杨恽才将全书献上朝廷去，并传写公行于世。汉人称为《太史公书》《太史公》《太史公记》《太史记》。魏晋间才简称为《史记》《史记》便成了定名。这部书流传时颇有缺佚，经后人补续改窜了不少；只有元帝、成帝间褚少孙补的有主名，其余都不容易考了。

司马迁是窃比孔子的。孔子是在周末官守散失时代第一个保存文献的人；司马迁是秦火以后第一个保存文献的人。他们保存的方法不同，但是用心一样。《史记·自序》里记着司马迁和上大夫壶遂讨论作史的一番话。司马迁引述他的父亲称扬孔子整理“六经”的丰功伟业，而特别着重《春秋》的著作。他们父子都是相信孔子作《春秋》的。他又引董仲舒所述孔子的话："我有种种觉民救世的理想，凭空发议论，恐怕人不理会；不如借历史上现成的事实来表现，可以深切著明些。"这便是孔子作《春秋》的旨趣；他是要明王道、辨人事，分明是非善恶贤不肖，存亡继绝，补敝起废，作后世君臣龟鉴。《春秋》实在是礼义的大宗，司马迁相信礼治是胜于法治的。他相信《春秋》包罗万象，采善贬恶，并非以刺讥为主。像他父亲遗命所说的，汉兴以来，人主明圣盛德，和功臣、世家、贤大夫之业，是他父子职守所在，正该记载表彰。他的书记汉事较详，固然是史料多，也是他意主尊汉的缘故。他排斥暴秦，要将汉远承三代。这正和今文家说的《春秋》尊鲁一样，他的书实在是窃比《春秋》的。他虽自称只是"厥协六经异传，整齐百家杂语"，述而不作，不敢与《春秋》比，那不过是谦词罢了。

他在《报任安书》里说他的书"欲以究天人之际，通古今之变，成一家之言"。《史记·自序》里说："罔（网）罗天下放佚旧闻，王迹所兴，原始察终，见盛观衰，论考之行事。""王迹所兴"，始终盛衰，便是"古今之变"，也便是"天人之际"。"天人之际"只是天道对于人事的影响，这和所谓"始终盛衰"都是阴阳家言。阴阳家倡"五德终始说"，以为金木水火土五行之德，互相克胜，终始运行，循环不息。当运者盛，王迹所兴；运去则衰。西汉此说大行，与"今文经学"合而为一。司马迁是请教过董仲舒的，董就是今文派的大师；他也许受了董的影响。"五德终始说"原是一种历史哲学，实际的教训只是让人君顺时修德。

《史记》虽然窃比《春秋》，却并不用那咬文嚼字的书法，只据事实录，使善恶自见。书里也有议论，那不过是著者牢骚之辞，与大体是无关的。原来司马迁自遭李陵之祸，更加努力著书。他觉得自己已经身废名裂，要发抒意中的郁结，只有这一条通路。他在《报任安书》和《史记·自序》里引了文王以下到韩非诸贤圣，都是发愤才著书的。他自己也是个发愤著书的人。天道的无常，世变的无常，引起了他的慨叹；他悲天悯人，发为牢骚抑扬之辞。这增加了他的书的情韵。后世论文的人推尊《史记》，一个原因便在这里。

班彪论前史得失，却说他“论议浅而不笃。其论术学，则崇黄老而薄五经；序货殖，则轻仁义而羞贫穷；道游侠，则贱守节而贵俗功”，以为“大敝伤道”；班固也说他“是非颇谬于圣人”。其实推崇道家的是司马谈；司马迁时，儒学已成独尊之势，他也成了一个推崇的人了。至于《游侠》《货殖》两传，确有他的身世之感。那时候有钱可以赎罪，他遭了李陵之祸，刑重家贫，不能自赎，所以才有“羞贫穷”的话；他在穷窘之中，交游竟没有一个抱不平来救他的，所以才有称扬游侠的话。这和《伯夷传》里天道无常的疑问，都只是偶一借题发挥，无关全书大旨。东汉王允看“发愤”著书一语，加上咬文嚼字的成见，便说《史记》是“佞臣”的“谤书”，那不但误解了《史记》，也太小看了司马迁了。

《史记》体例有五：十二本纪，记帝王政迹，是编年的。十表，以分年略记世代为主。八书，记典章制度的沿革。三十世家，记侯国世代存亡。七十列传，类记各方面人物。史家称为“纪传体”，因为“纪传”是最重要的部分。古史不是断片的杂记，便是顺案年月的纂录；自出机杼，创立规模，以驾驭去取各种史料的，从《史记》起始。司马迁的确能够贯穿经传，整齐百家杂语，成一家言。他明白“整齐”的必要，并知道怎样去“整齐”；这实在是创作，是以述为作。他这样将自有文化以来三千年间君臣士庶的行事，“合一炉而冶之”，却反映着秦汉大一统的局势。《春秋左氏传》虽也可算通史，但是规模完具的通史，还得推《史记》为第一部书。班固根据他父亲班彪的意见，说司马迁“善叙事理，辩而不华，质而不俚；其文直，其事核，不虚美，不隐恶，故谓之实录”。“直”是“简省”的意思，简省而能明确，便见本领。《史记》共一百三十篇，列传占了全书的过半数；司马迁的史观是以人物为中心的。他最长于描写，靠了他的笔，古代许多重要人物的面形，至今还活现在纸上。

《汉书》，汉班固著。班固，字孟坚，扶风安陵（今陕西咸阳）人，（光武帝建武八年—西元三二—生，和帝永元四年—西元九二—卒）。他家和司马氏一样，也是个世家；《汉书》是子继父业，也和司马迁差不多。

但班固的凭藉，比司马迁好多了。他曾祖班斿，博学有才气，成帝时，和刘向同校皇家藏书。成帝赐了他全套藏书的副本，《史记》也在其中。当时书籍流传很少，得来不易；班家得了这批赐书，真像大图书馆似的。他家又有钱，能够招待客人。后来有好些学者，老远地跑到他家来看书，扬雄便是一个。班斿的次孙班彪，既有书看，又得接触许多学者；于是尽心儒术，成了一个史学家。《史记》以后，续作很多，但不是偏私，就是鄙俗；班彪加以整理补充，著了六十五篇《后传》。他详论《史记》的得失，大体确当不移。他的书似乎只有本纪和列传，世家是并在列传里。这部书没有流传下来，但他的儿子班固的《汉书》是用它作底本的。

班固生在河西；那时班彪避乱在那里。班固有弟班超，妹班昭，后来都有功于《汉书》。他五岁时随父亲到那时的京师洛阳。九岁时能作文章，读诗赋。大概是十六岁罢，他入了洛阳的大学，博览群书。他治学不专守一家，只重大义，不沾沾在章句上，又善作辞赋。为人宽和容众，不以才能骄人。在大学里读了七年书，二十三岁上，父亲死了，他回到安陵去。明帝永平元年（西元五八），他二十八岁，开始改撰父亲的书。他觉得《后传》不够详的，自己专心精究，想完成一部大书。过了三年，有人上书给明帝，告他私自改作旧史。当时天下新定，常有人假造预言，摇惑民心；私改旧史，更有机会造谣，罪名可以很大。

明帝当即诏令扶风郡逮捕班固，解到洛阳狱中，并调看他的稿子。他兄弟班超怕闹出大乱子，永平五年（西元六二），带了全家赶到洛阳；他上书给明帝，陈明原委，请求召见。明帝果然召见。他陈明班固不敢私改旧史，只是续父所作。那时扶风郡也已将班固稿子送呈。明帝却很赏识那稿子，便命班固做校书郎，兰台令史，跟别的几个人同修世祖（光武帝）本纪。班家这时候很穷。班超也做了一名书记，帮助哥哥养家。后来班固等又述诸功臣的事迹，作列传载记二十八篇奏上。这些后来都成了刘珍等所撰的《东观汉记》的一部分，与《汉书》是无关的。

明帝这时候才命班固续完前稿。永平七年（西元六四），班固三十三岁，在兰台重行写他的大著。兰台是皇家藏书之处，他取精用弘，比家中自然更好。次年，班超也做了兰台令史。虽然在官不久，就从军去了，但一定给班固帮助很多。章帝即位，好辞赋，更赏识班固了。他因此得常到宫中读书，往往连日带夜地读下去。大概在建初七年（西元八二），他的书才大致完成。那年他是五十一岁了。和帝永元元年（西元八九），车骑将军窦宪出征匈奴，用他做中护军，参议军机大事。这一回匈奴大败，逃得不知去向。窦宪在出塞三千多里外的燕然山上刻石纪功，教班固作铭。这是著名的大手笔。

次年他回到京师，就做窦宪的秘书。当时窦宪威势极盛，班固倒没有仗窦家的势欺压人，但他的儿子和奴仆却都无法无天的。这就得罪了许多地面上的官儿，他们都敢怒而不敢言。有一回他的奴子喝醉了，在街上骂了洛阳令种兢，种兢气恨极了，但也只能记在心里。永元四年（西元九二），窦宪阴谋弑和帝，事败，自杀。他的党羽：或诛死，或免官。班固先只免了官，种兢却饶不过他，逮捕了他，下在狱里。他已经六十一岁了，受不得那种苦，便在狱里死了。和帝得知，很觉可惜，特地下诏申斥种兢，命他将主办的官员抵罪。班固死后，《汉书》的稿子很散乱。他的妹子班昭也是高才博学，嫁给曹世叔，世叔早死，她的节行并为人所重，当时称为曹大家。这时候她奉诏整理哥哥的书；并有高才郎官十人，从她研究这部书——经学大师扶风马融，就在这十人里。书中的八表和天文志那时还未完成，她和马融的哥哥马续参考皇家藏书，将这些篇写定，这也是奉诏办的。

《汉书》的名称从《尚书》来，是班固定的。他说唐虞三代当时都有记载，颂述功德；汉朝却到了第六代才有司马迁的《史记》。而《史记》是通史，将汉朝皇帝的本纪放在尽后头，并且将尧的后裔的汉和秦、项放在相等的地位，这实在不足以推尊本朝。况《史记》只到武帝而止，也没有成段落似的。他所以断代述史，起于高祖，终于平帝时王莽之诛，共十二世，二百三十年，作纪、表、志、传凡百篇，称为《汉书》。班固著《汉书》，虽然根据父亲的评论，修正了《史记》的缺失，但断代的主张，却是他的创见。他这样一面保存了文献，一面贯彻了发扬本朝功德的趣旨。所以后来的正史都以他的书为范本，名称也多叫做“书”。他这个创见，影响是极大的。他的书所包举的，比《史记》更为广大；天地、鬼神、人事、政治、道德、艺术、文章，尽在其中。

书里没有世家一体，本于班彪《后传》。汉代封建制度，实际上已不存在；无所谓侯国，也就无所谓世家。这一体的并入列传，也是自然之势。至于改“书”为“志”，只是避免与《汉书》的“书”字相重，无关得失。但增加了《艺文志》，叙述古代学术源流，记载皇家藏书目录，所关却就大了。《艺文志》的底本是刘歆的《七略》。刘向刘歆父子都曾奉诏校读皇家藏书；他们开始分别源流，编订目录，使那些“中秘书”渐得流传于世，功劳是很大的。他们的原著都已不存，但《艺文志》还保留着刘歆《七略》的大部分。这是后来目录学家的宝典。原来秦火之后，直到成帝时，书籍才渐渐出现；成帝诏求遗书于天下，这些书便多聚在皇家。刘氏父子所以能有那样大的贡献，班固所以想到在《汉书》里增立《艺文志》，都是时代使然。司马迁便没有这样好运气。

《史记》成于一人之手，《汉书》成于四人之手。表、志由曹大家和马续补成，纪、传从昭帝至平帝有班彪的《后传》作底本。而从高祖至武帝，更多用《史记》的文字。这样一看，班固自己作的似乎太少。因此有人说他的书是“剽窃”而成，算不得著作。但那时的著作权的观念还不甚分明，不以抄袭为嫌；而史书也不能凭虚别构。班固删润旧文，正是所谓“述而不作”。他删润的地方，却颇有别裁，决非率尔下笔。史书叙汉事，有阙略的，有隐晦的，经他润色，便变得详明；这是他的独到处。汉代“明主、贤君、忠臣、死义之士”，他实在表彰得更为到家。书中收载别人整篇的文章甚多，有人因此说他是“浮华”之士。这些文章大抵关系政治学术，多是经世有用之作。那时还没有文集，史书加以搜罗，不失保存文献之旨。至于收录辞赋，却是当时的风气和他个人的嗜好；不过从现在看来，这些也正是文学史料，不能抹煞的。

班、马优劣论起于王充《论衡》。他说班氏父子“文义浃备，纪事详赡”，观者以为胜于《史记》。王充论文，是主张“华实俱成”的。汉代是个辞赋的时代，所谓“华”，便是辞赋化。《史记》当时还用散行文字，到了《汉书》，便弘丽精整，多用排偶，句子也长了。这正是辞赋的影响。自此以后，直到唐代，一般文士，大多偏爱《汉书》，专门传习，《史记》的传习者却甚少。这反映着那时期崇尚骈文的风气。唐以后，散文渐成正统，大家才提倡起《史记》来；明归有光及清桐城派更力加推尊，《史记》差不多要驾乎《汉书》之上了。这种优劣论起于二书散整不同，质文各异；其实是跟着时代的好尚而转变的。

晋代张辅，独不好《汉书》。他说：“世人论司马迁、班固才的优劣，多以固为胜，但是司马迁叙三千年事，只五十万言，班固叙二百年事，却有八十万言。烦省相差如此之远，班固哪里赶得上司马迁呢！”刘知几《史通》却以为“《史记》虽叙三千年事，详备的也只汉兴七十多年，前省后烦，未能折中；若教他作《汉书》，恐怕比班固还要烦些”。刘知几左袒班固，不无过甚其辞。平心而论，《汉书》确比《史记》繁些。《史记》是通史，虽然意在尊汉，不妨详近略远，但叙汉事到底不能太详；司马迁是知道“折中”的。《汉书》断代为书，尽可充分利用史料，尽其颂述功德的职分：载事既多，文字自然繁了，这是一。《汉书》载别人文字也比《史记》多，这是二。《汉书》文字趋向骈体，句子比散体长，这是三。这都是“事有必至，理有固然”，不足为《汉书》病。范晔《后汉书·班固传》赞说班固叙事“不激诡，不抑抗，赡而不秽，详而有体，使读之者亹亹而不厌”，这是不错的。

宋代郑樵在《通志·总序》里抨击班固，几乎说得他不值一钱。刘知几论通史不如断代，以为通史年月悠长，史料亡佚太多，所可采录的大都陈陈相因，难得新异。《史记》已不免此失，后世仿作，贪多务得，又加上繁杂的毛病，简直教人懒得去看。按他的说法，像《鲁春秋》等，怕也只能算是截取一个时代的一段儿，相当于《史记》的叙述汉事；不是无首无尾，就是有首无尾。这都不如断代史的首尾一贯好。像《汉书》那样，所记的只是班固的近代，史料丰富，搜求不难。只需破费工夫，总可一新耳目，“使读之者亹亹而不厌”的。郑樵的意见恰相反。他注重会通，以为历史是联贯的，要明白因革损益的轨迹，非会通不可。通史好在能见其全，能见其大。他称赞《史记》，说是“六经之后，惟有此作”。他说班固断汉为书，古今间隔，因革不明，失了会通之道，真只算是片段罢了。其实通古和断代，各有短长，刘、郑都不免一偏之见。

《史》《汉》可以说是各自成家。《史记》“文直而事核”，《汉书》“文赡而事详”。司马迁感慨多，微情妙旨，时在文字蹊径之外；《汉书》却一览之余，情词俱尽。但是就史论史，班固也许比较客观些，比较合体些。明茅坤说“《汉书》以矩矱胜”，清章学诚说“班氏守绳墨”，“班氏体方用智”，都是这个意思。晋傅玄评班固，“论国体则饰主阙而折忠臣，叙世教则贵取容而贱直节”。这些只关识见高低，不见性情偏正，和司马迁《游侠》《货殖》两传蕴含着无穷的身世之痛的不能相比，所以还无碍其为客观的。总之，《史》《汉》二书，文质和繁省虽然各不相同，而所采者博，所择者精，却是一样；组织的弘大，描写的曲达，也同工异曲。二书并称良史，决不是偶然的。

参考资料

郑鹤声《史汉研究》《司马迁年谱》《班固年谱》

诸子第十

春秋末年，封建制度开始崩坏，贵族的统治权，渐渐维持不住。社会上的阶级，有了紊乱的现象。到了战国，更看见农奴解放，商人抬头。这时候一切政治的社会的经济的制度，都起了根本的变化。大家平等自由，形成了一个大解放的时代。在这个大变动当中，一些才智之士对于当前的情势，有种种的看法，有种种的主张；他们都想收拾那动乱的局面，让它稳定下来。有些倾向于守旧的，便起来拥护旧文化、旧制度，向当世的君主和一般人申述他们拥护的理由，给旧文化、旧制度找出理论上的根据。也有些人起来批评或反对旧文化、旧制度，又有些人要修正那些。还有人要建立新文化、新制度来代替旧的，还有人压根儿反对一切文化和制度。这些人也都根据他们自己的见解各说各的，都“持之有故，言之成理”。这便是诸子之学，大部分可以称为哲学。这是一个思想解放的时代，也是一个思想发达的时代，在中国学术史里是稀有的。

诸子都出于职业的“士”。“士”本是封建制度里贵族的末一级，但到了春秋、战国之际，“士”成了有材能的人的通称。在贵族政治未崩坏的时候，所有的知识、礼、乐等等，都在贵族手里，平民是没份的。那时有知识技能的专家，都由贵族专养专用，都是在官的。到了贵族政治崩坏以后，贵族有的失了势，穷了，养不起自用的专家。这些专家失了业，流落到民间，便卖他们的知识技能为生。凡有权有钱的都可以临时雇用他们，他们起初还是伺候贵族的时候多，不过不限于一家贵族罢了。这样发展了一些自由职业，靠这些自由职业为生的，渐渐形成了一个特殊阶级，便是“士农工商”的“士”。这些“士”，这些专家，后来居然开门授徒起来。徒弟多了，声势就大了，地位也高了。他们除掉执行自己的职业之外，不免根据他们专门的知识技能，研究起当时的文化和制度来了。这就有了种种看法和主张，各“思以其道易天下”。诸子百家便是这样兴起的。

第一个开门授徒发扬光大那非农非工非商非官的“士”的阶级的，是孔子。孔子名丘，他家原是宋国的贵族，贫寒失势，才流落到鲁国去。他自己做了一个儒士，儒士是以教书和相礼为职业的，他却只是一个“老教书匠”。他的教书有一个特别的地方，就是“有教无类”。他大招学生，不问身家，只要缴相当的学费就收；收来的学生，一律教他们读《诗》《书》等名贵的古籍，并教他们《礼》《乐》等功课。这些从前是只有贵族才能够享受的，孔子是第一个将学术民众化的人。他又带着学生，周游列国，说当世的君主；这也是从前没有的。他一个人开了讲学和游说的风气，是“士”阶级的老祖宗。他是旧文化、旧制度的辩护人，以这种姿态创始了所谓儒家。所谓旧文化、旧制度，主要的是西周的文化和制度，孔子相信是文王、周公创造的。继续文王、周公的事业，便是他给他自己的使命。他自己说，“述而不作，信而好古”；所述的，所信所好的，都是周代的文化和制度。《诗》《书》《礼》《乐》等是周文化的代表，所以他拿来作学生的必修科目。这些原是共同的遗产，但后来各家都讲自己的新学说，不讲这些；讲这些的始终只有“述而不作”的儒家，因此《诗》《书》《礼》《乐》等便成为儒家的专有品了。

孔子是个博学多能的人，他的讲学是多方面的。他讲学的目的在于养成“人”，养成为国家服务的人，并不在于养成某一家的学者。他教学生读各种书、学各种功课之外，更注重人格的修养。他说为人要有真性情，要有同情心，能够推己及人，这所谓“直”“仁”“忠”“恕”；一面还得合乎礼，就是遵守社会的规范。凡事只问该作不该作，不必问有用无用；

只重义，不计利。这样人才配去干政治，为国家服务。孔子的政治学说，是“正名主义”。他想着当时制度的崩坏，阶级的紊乱，都是名不正的缘故。君没有君道，臣没有臣道，父没有父道，子没有子道，实和名不能符合起来，天下自然乱了。救时之道，便是“君君，臣臣，父父，子子”；正名定分，社会的秩序、封建的阶级便会恢复的。他是给封建制度找了一个理论的根据。这个正名主义，又是从《春秋》和古史官的种种书法归纳得来的。他所谓“述而不作”，其实是以述为作，就是理论化旧文化、旧制度，要将那些维持下去。他对于中国文化的贡献，便在这里。

孔子以后，儒家还出了两位大师，孟子和荀子。孟子名轲，邹人；荀子名况，赵人。这两位大师代表儒家的两派。他们也都拥护周代的文化和制度，但更进一步的加以理论化和理想化。孟子说人性是善的。人都有恻隐心、羞恶心、辞让心、是非心；这便是仁义礼智等善端，只要能够加以扩充，便成善人。这些善端，又总称为“不忍人之心”。圣王本于“不忍人之心”，发为“不忍人之政”，便是“仁政”“王政”。一切政治的经济的制度都是为民设的，君也是为民设的——这却已经不是封建制度的精神了。和王政相对的是霸政。霸主的种种制作设施，有时也似乎为民，其实不过是达到好名好利好尊荣的手段罢了。荀子说人性是恶的。性是生之本然，里面不但没有善端，还有争夺放纵等恶端。但是人有相当聪明才力，可以渐渐改善学好；积久了，习惯自然，再加上专一的工夫，可以到圣人的地步。所以善是人为的。孟子反对功利，他却注重它。他论王霸的分别，也从功利着眼。孟子注重圣王的道德，他却注重圣王的威权。他说生民之初，纵欲相争，乱得一团糟；圣王建立社会国家，是为明分息争的。礼是社会的秩序和规范，作用便在明分；乐是调和情感的，作用便在息争。他这样从功利主义出发，给一切文化和制度找到了理论的根据。

儒士多半是上层社会的失业流民，儒家所拥护的制度，所讲所行的道德也是上层社会所讲所行的。还有原业农工的下层失业流民，却多半成为武士。武士是以帮人打仗为职业的专家。墨翟便出于武士。墨家的创始者墨翟，鲁国人，后来做到宋国的大夫，但出身大概是很微贱的。“墨”原是作苦工的犯人的意思，大概是个浑名；“翟”是名字。墨家本是贱者，也就不辞用那个浑名自称他们的学派。墨家是有团体组织的，他们的首领叫做“巨子”；墨子大约就是第一任“巨子”。他们不但是打仗的专家，并且是制造战争器械的专家。

但墨家和别的武士不同，他们是有主义的。他们虽以帮人打仗为生，却反对侵略的打仗；他们只帮被侵略的弱小国家做防卫的工作。《墨子》里只讲守的器械和方法，攻的方面，特意不讲。这是他们的“非攻”主义。他们说天下大害，在于人的互争；天下人都该视人如己，互相帮助，不但利他，而且利己。这是“兼爱”主义。墨家注重功利，凡与国家人民有利的事物，才认为有价值。国家人民，利在富庶；凡能使人民富庶的事物是有用的，别的都是无益或有害。他们是平民的代言人，所以反对贵族的周代的文化和制度。他们主张“节葬”“短丧”“节用”“非乐”，都和儒家相反。他们说他们是以节俭勤苦的夏禹为法的。他们又相信有上帝和鬼神，能够赏善罚恶；这也是下层社会的旧信仰。儒家和墨家其实都是守旧的，不过一个守原来上层社会的旧，一个守原来下层社会的旧罢了。

压根儿反对一切文化和制度的是道家。道家出于隐士。孔子一生曾遇到好些“避世”之士，他们着实讥评孔子。这些人都是有知识学问的。他们看见时世太乱，难以挽救，便消极起来，对于世事，取一种不闻不问的态度。他们讥评孔子“知其不可而为之”，费力不讨好；他们自己便是知其不可而不为的，独善其身的聪明人。后来有个杨朱，也是这一流人，他却将这种态度理论化了，建立“为我”的学说。他主张“全生保真，不以物累形”，将天下给他，换他小腿上一根汗毛，他是不干的。天下虽大，是外物；一根毛虽小，却是自己的一部分。所谓“真”，便是自然。杨朱所说的只是教人因生命的自然，不加伤害；“避世”便是“全生保真”的路。不过世事变化无穷，避世未必就能避害，杨朱的教义到这里却穷了。老子、庄子的学说似乎便是从这里出发，加以扩充的。杨朱实在是道家的先锋。

老子相传姓李名耳，楚国隐士。楚人是南方新兴的民族，受周文化的影响很少；他们往往有极新的思想。孔子遇到那些隐士，也都在楚国；这似乎不是偶然的。庄子名周，宋国人，他的思想却接近楚人。老学以为宇宙间事物的变化，都遵循一定的公律，在天然界如此，在人事界也如此，这叫做“常”。顺应这些公律，便不须避害，自然能避害，所以说，“知常日明”。事物变化的最大公律是物极则反。处世接物，最好先从反面下手。“将欲翕之，必固张之；将欲弱之，必固强之；将欲废之，必固兴之；将欲夺之，必固与之。”“大直若屈，大巧若拙，大辩若讷。”这样以退为进，便不至于有什么冲突了。因为物极则反，所以社会上政治上种种制度，推行起来，结果往往和原来目的相反。“法令滋彰，盗贼多有。”治天下本求有所作为，但这是费力不讨好的，不如排除一切制度，顺应自然，无为而为，不治而治。那就无不为，无不治了。自然就是“道”，就是天地万物所以生的总原理。物得道而生，是道的具体表现。一物所以生的原理叫做“德”，“德”是“得”的意思。所以宇宙万物都是自然的。这是老学的根本思想，也是庄学的根本思想。但庄学比老学更进一步。他们主张绝对的自由，绝对的平等。天地万物，无时不在变化之中，不齐是自然的。一切但须顺其自然，所有的分别，所有的标准，都是不必要的。社会上政治上的制度，硬教不齐的齐起来，只徒然伤害人性罢了。所以圣人是要不得的，儒墨是“不知耻”的。按庄学说，凡天下之物，都无不好；凡天下的意见，都无不对；无所谓物我，无所谓是非。甚至死和生也都是自然的变化，都是可喜的。明白这些个，便能与自然打成一片，成为“无入而不自得”的至人了。老庄两派，汉代总称为道家。

庄学排除是非，是当时“辩者”的影响。“辩者”汉代称为名家，出于讼师。辩者的一个首领郑国邓析，便是春秋末年著名的讼师。另一个首领梁相惠施，也是法律行家。邓析的本事在对于法令能够咬文嚼字地取巧，“以是为非，以非为是”。语言文字往往是多义的，他能够分析语言文字的意义，利用来作种种不同甚至相反的解释。这样发展了辩者的学说。当时的辩者有惠施和公孙龙两派。惠施派说，世间各个体的物，各有许多性质；但这些性质，都因比较而显，所以不是绝对的。各物都有相同之处，也都有相异之处。从同的一方面看，可以说万物无不相同；从异的一方面看，可以说万物无不相异。同异都是相对的：这叫做“合同异”。

公孙龙，赵人。他这一派不重个体而重根本，他说概念有独立分离的存在。譬如一块坚而白的石头，看的时候只见白，没有坚；摸的时候只觉坚，不见白。所以白性与坚性两者是分离的。况且天下白的东西很多，坚的东西也很多，有白而不坚的，也有坚而不白的。也可见白性与坚性是分离的，白性使物白，坚性使物坚；这些虽然必须因具体的物而见，但实在有着独立的存在，不过是潜存罢了。这叫做“离坚白”。这种讨论与一般人感觉和常识相反，所以当时以为“怪说”“琦辞”“辩而无用”。但这种纯理论的兴趣，在哲学上是有它的价值的。至于辩者对于社会政治的主张，却近于墨家。

儒、墨、道各家有一个共通的态度，就是托古立言；他们都假托古圣贤之言以自重。孔子托于文王、周公，墨子托于禹，孟子托于尧、舜，老、庄托于传说中尧、舜以前的人物；一个比一个古，一个压一个。不托古而变古的只有法家。法家出于“法术之士”，法术之士是以政治为职业的专家。贵族政治崩坏的结果，一方面是平民的解放，一方面是君主的集权。这时候国家的范围，一天一天扩大，社会的组织也一天一天复杂。人治、礼治，都不适用了。法术之士便创一种新的政治方法帮助当时的君主整理国政，做他们的参谋。这就是法治。当时现实政治和各方面的趋势是变古——尊君权、禁私学、重富豪。法术之士便拥护这种趋势，加以理论化。

他们中间有重势、重术、重法三派，而韩非子集其大成。他本是韩国的贵族，学于荀子。他采取荀学、老学和辩者的理论，创立他的一家言；他说势、术、法三者都是“帝王之具”，缺一不可。势的表现是赏罚：赏罚严，才可以推行法和术。因为人性究竟是恶的。术是君主驾驭臣下的技巧。综核名实是一个例。譬如教人做某官，按那官的名位，该能作出某些成绩来；君主就可以照着去考核，看他名实能相副否。又如臣下有所建议，君主便叫他去做，看他能照所说的做到否。名实相副的赏；否则罚。

法是规矩准绳，明主制下了法，庸主只要守着，也就可以治了。君主能够兼用法、术、势，就可以一驭万，以静制动，无为而治。诸子都讲政治，但都是非职业的，多偏于理想。只有法家的学说，从实际政治出来，切于实用。中国后来的政治，大部分是受法家的学说支配的。

古代贵族养着礼、乐专家，也养着巫祝、术数专家。礼、乐原来的最大的用处在丧、祭。丧、祭用礼、乐专家，也用巫祝；这两种人是常在一处的同事。巫祝固然是迷信的，礼、乐里原先也是有迷信成分的。礼、乐专家后来沦为儒士，巫祝、术数专家便沦为方士。他们关系极密切，所注意的事有些是相同的。汉代所称的阴阳家便出于方士。古代术数注意于所谓“天人之际”，以为天道人事互相影响。战国末年有些人更将这种思想推行起来，并加以理论化，使它成为一贯的学说。这就是阴阳家。

当时阴阳家的首领是齐人驺衍。他研究“阴阳消息”，创为“五德终始”说。“五德”就是五行之德。五行是古代的信仰。驺衍以为五行是五种天然势力，所谓“德”。每一德，各有盛衰的循环。在它当运的时候，天道人事，都受它支配。等到它运尽而衰，为别一德所胜所克，别一德就继起当运。木胜土，金胜木，火胜金，水胜火，土胜水，这样“终始”不息。历史上的事变都是这些天然势力的表现。每一朝代，代表一德；朝代是常变的，不是一家一姓可以永保的。阴阳家也讲仁义名分，却是受儒家的影响。那时候儒家也在开始受他们的影响，讲《周易》，作《易传》。到了秦汉间，儒家更几乎与他们混和为一；西汉今文家的经学大部便建立在阴阳家的基础上。后来“古文经学”虽然扫除了一些“非常”“可怪”之论，但阴阳家的思想已深入人心，牢不可拔了。

战国末期，一般人渐渐感着统一思想的需要，秦相吕不韦便是作这种尝试的第一个人。他教许多门客合撰了一部《吕氏春秋》。现在所传的诸子书，大概都是汉人整理编定的；他们大概是将同一学派的各篇编辑起来，题为某子，所以都不是有系统的著作。《吕氏春秋》却不然，它是第一部完整的书。吕不韦所以编这部书，就是想化零为整，集合众长，统一思想。他的基调却是道家。秦始皇统一天下，李斯为相，实行统一思想。

他烧书，禁天下藏“《诗》《书》百家语”。但时机到底还未成熟，而秦不久也就亡了，李斯是失败了。所以汉初诸子学依然很盛。

到了汉武帝的时候，淮南王刘安仿效吕不韦的故智，教门客编了一部《淮南子》，也以道家为基调，也想来统一思想。但成功的不是他，是董仲舒。董仲舒向武帝建议：“六经和孔子的学说以外，各家一概禁止。邪说息了，秩序才可统一，标准才可分明，人民才知道他们应走的路。”武帝采纳了他的话。从此，帝王用功名利禄提倡他们所定的儒学，儒学统于一尊；春秋战国时代言论思想极端自由的空气便消灭了。这时候政治上既开了从来未有的大局面，社会和经济各方面的变动也渐渐凝成了新秩序，思想渐归于统一，也是自然的趋势。在这新秩序里，农民还占着大多数，宗法社会还保留着，旧时的礼教与制度一部分还可适用，不过民众化了罢了。另一方面，要创立政治上社会上各种新制度，也得参考旧的。这里便非用儒者不可了。儒者通晓以前的典籍，熟悉以前的制度，而又能够加以理想化、理论化，使那些东西秩然有序，粲然可观。别家虽也有政治社会学说，却无具体的办法，就是有，也不完备，赶不上儒家；在这建设时代，自然不能和儒学争胜。儒学的独尊，也是当然的。

参考资料

冯友兰《中国哲学史》第一篇

辞赋第十一

屈原是我国历史里永被纪念着的一个人。旧历五月五日端午节，相传便是他的忌日；他是投水死的，竟渡据说原来是表示救他的，粽子原来是祭他的。现在定五月五日为诗人节，也是为了纪念的缘故。他是个忠臣，而且是个缠绵悱恻的忠臣；他是个节士，而且是个浮游尘外、清白不污的节士。“举世皆浊而我独清，众人皆醉而我独醒”，他的身世是一出悲剧。可是他永生在我们的敬意尤其是我们的同情里。“原”是他的号，“平”是他的名字。他是楚国的贵族，怀王时候，做“左徒”的官。左徒好像现在的秘书。他很有学问，熟悉历史和政治，口才又好。一方面参赞国事，一方面给怀王见客，办外交，头头是道。怀王很信任他。

当时楚国有亲秦、亲齐两派，屈原是亲齐派。秦国看见屈原得势，便派张仪买通了楚国的贵臣上官大夫靳尚等，在怀王面前说他的坏话。怀王果然被他们所惑，将屈原放逐到汉北去。张仪便劝怀王和齐国绝交，说秦国答应割地六百里。楚和齐绝了交，张仪却说答应的是六里。怀王大怒，便举兵伐秦，不料大败而归。这时候想起屈原来了，将他召回，教他出使齐国。亲齐派暂时抬头。但是亲秦派不久又得势。怀王终于让秦国骗了去，拘留着，就死在那里。这件事是楚人最痛心的，屈原更不用说了。可是怀王的儿子顷襄王，却还是听亲秦派的话，将他二次放逐到江南去。他流浪了九年，秦国的侵略一天紧似一天；他不忍亲见亡国的惨象，又想以一死来感悟顷襄王，便自沉在汨罗江里。

《楚辞》中《离骚》和《九章》的各篇，都是他放逐时候所作。《离骚》尤其是千古流传的杰构。这一篇大概是二次被放时作的。他感念怀王的信任，却恨他糊涂，让一群小人蒙蔽着，播弄着。而顷襄王又不能觉悟，以致国土日削，国势日危。他自己呢，“信而见疑，忠而被谤”，简直走投无路；满腔委屈，千端万绪的，没人可以诉说。终于只能告诉自己的一支笔，《离骚》便是这样写成的。“离骚”是“别愁”或“遭忧”的意思。他是个富于感情的人，那一腔遏抑不住的悲愤，随着他的笔奔迸出来，“东一句，西一句，天上一句，地下一句”，只是一片一段的，没有篇章可言。这和人在疲倦或苦痛的时候，叫“妈呀!”“天哪!”一样；心里乱极了，闷极了，叫叫透一口气，自然是顾不到甚么组织的。

篇中陈说唐、虞三代的治，桀、纣、羿、浇的乱，善恶因果，历历分明；用来讽刺当世，感悟君王。他又用了许多神话里的譬喻和动植物的譬喻，委曲地表达出他对于怀王的忠爱，对于贤人君子的向往，对于群小的深恶痛疾。他将怀王比作美人，他是“求之不得”“辗转反侧”；情辞凄切，缠绵不已。他又将贤臣比作香草。“美人香草”从此便成为政治的譬喻，影响后来解诗作诗的人很大。汉淮南王刘安作《离骚传》说：“《国风》好色而不淫，《小雅》怨诽而不乱，若《离骚》者可谓兼之矣。”“好色而不淫”似乎就指美人香草用作政治的譬喻而言，“怨诽而不乱”是怨而不怒的意思。虽然我们相信《国风》的男女之辞并非政治的譬喻，但断章取义，淮南王的话却是《离骚》的确切评语。

《九章》的各篇原是分立的，大约汉人才合在一起，给了“九章”的名字。这里面有些是屈原初次被放时作的，有些是二次被放时作的，差不多都是“上以讽谏，下以自慰”，引史事，用譬喻，也和《离骚》一样。《离骚》里记着屈原的世系和生辰，这几篇里也记着他放逐的时期和地域；这些都可以算是他的自叙传。他还作了《九歌》《天问》《远游》《招魂》等，却不能算自叙传，也“不皆是怨君”；后世都说成怨君，便埋没了他的别一面的出世观了。他其实也是一“子”，也是一家之学。这可以说是神仙家，出于巫。《离骚》里说到周游上下四方，驾车的动物，驱使的役夫，都是神话里的。《远游》更全是说的周游上下四方的乐处。这种游仙的境界，便是神仙家的理想。

《远游》开篇说，“悲时俗之迫厄兮，愿轻举而远游”，篇中又说，“临不死之旧乡”。人间世太狭窄了，也太短促了，人是太不自由自在了。神仙家要无穷大的空间，所以要周行无碍；要无穷久的时间，所以要长生不老。他们要打破现实的有限的世界，用幻想创出一个无限的世界来。在这无限的世界里，所有的都是神话里的人物；有些是美丽的，也有些是丑怪的。《九歌》里的神大都可爱，《招魂》里一半是上下四方的怪物，说得顶怕人的，可是一方面也奇诡可喜。因为注意空间的扩大，所以对于天地山川日月星辰，在在都有兴味。《天问》里许多关于天文地理的疑问，便是这样来的。一面惊奇天地之广大，一面也惊奇人事之诡异——善恶因果，往往有不相应的；《天问》里许多关于历史的疑问，便从这里着眼。这却又是他的入世观了。

要达到游仙的境界，须要“虚静以恬愉”，“无为而自得”，还须导引养生的修炼工夫，这在《远游》里都说了。屈原受庄学的影响极大。这些都是庄学；周行无碍，长生不老，以及神话里的人物，也都是庄学。但庄学只到“我”与自然打成一片而止，并不想创造一个无限的世界；神仙家似乎比庄学更进了一步。神仙家也受阴阳家的影响，阴阳家原也讲天地广大，讲禽兽异物的。阴阳家是齐学。齐国滨海，多有怪诞的思想。屈原常常出使到那里，所以也沾了齐气。还有齐人好“隐”。“隐”是“遁词以隐意，谲譬以指事”，是用一种滑稽的态度来讽谏。淳于髡可为代表。楚人也好“隐”。屈原是楚人，而他的思想又受齐国的影响，他爱用种种政治的譬喻，大约也不免沾点齐气。但是他不取滑稽的态度，他是用一副悲剧面孔说话的。《诗大序》所谓“谲谏”，所谓“言之者无罪，闻之者足以戒”，倒是合式的说明。至于像《招魂》里的铺张排比，也许是纵横家的风气。

《离骚》各篇多用“兮”字足句，句逗以参差不齐为主。“兮”字足句，三百篇中已经不少；句逗参差，也许是“南音”的发展。“南”本是南乐的名称，三百篇中的二南，本该与风、雅、颂分立为四。二南是楚诗，乐调虽已不能知道，但和风、雅、颂必有异处。从二南到《离骚》，现在只能看出句逗由短而长、由齐而畸的一个趋势；这中间变迁的轨迹，我们还能找到一些，总之，决不是突如其来的。这句逗的发展，大概有多少音乐的影响。从《汉书·王褒传》，可以知道楚辞的诵读是有特别的调子的，这正是音乐的影响。屈原诸作奠定了这种体制，模拟的日见其多。就中最出色的是宋玉，他作了《九辩》。宋玉传说是屈原的弟子，《九辩》的题材和体制都模拟《离骚》和《九章》，算是代屈原说话，不过没有屈原那样激切罢了。宋玉自己可也加上一些新思想，他是第一个描写“悲秋”的人。还有个景差，据说是《大招》的作者；《大招》是模拟《招魂》的。

到了汉代，模拟《离骚》的更多，东方朔、王褒、刘向、王逸、都走着宋玉的路。大概武帝时候最盛，以后就渐渐地差了。汉人称这种体制为“辞”，又称为“楚辞”。刘向将这些东西编辑起来，成为《楚辞》一书。东汉王逸给作注，并加进自己的拟作，叫做《楚辞章句》。北宋洪兴祖又作《楚辞补注》，《章句》和《补注》合为《楚辞》标准的注本。但汉人又称《离骚》等为“赋”。《史记·屈原传》说他“作《怀沙》之赋”，《怀沙》是《九章》之一，本无“赋”名。《传》尾又说：“宋玉、唐勒、景差之徒，皆好辞而以赋见称。”《汉书·艺文志·诗赋略》列“屈原赋二十五篇”，就是《离骚》等。大概“辞”是后来的名字，专指屈、宋一类作品；赋虽从辞出，却是先起的名字，在未采用“辞”的名字以前，本包括“辞”而言。所以浑言称“赋”，称“辞赋”，分言称“辞”和“赋”。后世引述屈、宋诸家，只通称“楚辞”，没有单称“辞”的。但却有称“骚”“骚体”“骚赋”的，这自然是《离骚》的影响。

荀子的《赋篇》最早称“赋”。篇中分咏“礼”“知”“云”“蚕”“箴”（针）五件事物，像是谜语；其中颇有讽世的话，可以说是“隐”

的支流馀裔。荀子久居齐国的稷下，又在楚国做过县令，死在那里。他的好“隐”，也是自然的。《赋篇》总题分咏，自然和后来的赋不同，但是安排客主，问答成篇，却开了后来赋家的风气。荀赋和屈辞原来似乎各是各的，这两体的合一，也许是在贾谊手里。贾谊是荀卿的再传弟子，他的境遇却近于屈原，又久居屈原的故乡，很可能的，他模拟屈原的体制，却袭用了荀卿的“赋”的名字。这种赋日渐发展，屈原诸作也便被称为“赋”；“辞”的名字许是后来因为拟作多了，才分化出来，作为此体的专称的。“辞”本是“辩解的言语”的意思，用来称屈、宋诸家所作，倒也并无不合之处。

《汉书·艺文志·诗赋略》分赋为四类。“杂赋”十二家是总集，可以不论。屈原以下二十家，是言情之作。陆贾以下二十一家，已佚，大概近于纵横家言。就中“陆贾赋三篇”，在贾谊之先；但作品既不可见，是他自题为赋，还是后人追题，不能知道，只好存疑了。荀卿以下二十五家，大概是叙物明理之作。这三类里，贾谊以后各家，多少免不了屈原的影响，但已渐有散文化的趋势；第一类中的司马相如便是创始的人。——托为屈原作的《卜居》《渔父》，通篇散文化，只有几处用韵，似乎是《庄子》和荀赋的混合体制，又当别论。——散文化更容易铺张些。“赋”本是“铺”的意思，铺张倒是本来面目。可是铺张的作用原在讽谏，这时候却为铺张而铺张，所谓“劝百而讽一”。当时汉武帝好辞赋，作者极众，争相竞胜，所以致此。扬雄说，“诗人之赋丽以则，辞人之赋丽以淫,；“诗人之赋”便是前者，“辞人之赋”便是后者。甚至有诙谐嫚戏，毫无主旨的。难怪辞赋家会被人鄙视为倡优了。

东汉以来，班固作《两都赋》，“概众人之所眩曜，折以今之法度”，张衡仿他作《二京赋》。晋左思又仿作《三都赋》。这种赋铺叙历史地理，近于后世的类书；是陆贾、荀卿两派的混合，是散文的更进一步。这和屈、贾言情之作却迥不相同了。此后赋体渐渐缩短，字句却整炼起来。那时期一般诗文都趋向排偶化，赋先是领着走，后来是跟着走；作赋专重写景述情，务求精巧，不再用来讽谏。这种赋发展到齐、梁、唐初为极盛，称为“俳体”的赋。“俳”是“游戏的意思，对讽谏而言；其实这种作品倒也并非滑稽嫚戏之作。唐代古文运动起来，宋代加以发挥光大，诗文不再重排偶而趋向散文化，赋体也变了。像欧阳修的《秋声赋》，苏轼的《前后赤壁赋》，虽然有韵而全篇散行，排偶极少，比《卜居》《渔父》更其散文的。这称为“文体”的赋。唐宋两代，以诗赋取士，规定程式。那种赋定为八韵，调平仄，讲对仗；制题新巧，限韵险难。这只是一种技艺罢了。这称为“律赋”。对“律赋”而言，“俳体”和“文体”的赋都是“古赋”；这“古赋”的名字和“古文”的名字差不多，真正“古”的如屈、宋的辞，汉人的赋，倒是不包括在内的。赋似乎是我国特有的体制，虽然有韵，而就它全部的发展看，却与文近些，不算是诗。

参考资料

游国恩《读骚论微初集》

诗第十二

汉武帝立乐府，采集代、赵、秦、楚的歌谣和乐谱；教李延年做协律都尉，负责整理那些歌辞和谱子，以备传习唱奏。当时乐府里养着各地的乐工好几百人，大约便是演奏这些乐歌的。歌谣采来以后，他们先审查一下。没有谱子的，便给制谱；有谱子的，也得看看合式不合式，不合式的地方，便给改动一些。这就是“协律”的工作。歌谣的“本辞”合乐时，有的保存原来的样子，有的删节，有的加进些复沓的甚至不相干的章句。“协律”以乐为主，只要合调；歌辞通不通，他们是不大在乎的。他们有时还在歌辞里夹进些泛声，“辞”写大字，“声”写小字。但流传久了，声辞混杂起来，后世便不容易看懂了。这种种乐歌，后来称为“乐府诗”，简称就叫“乐府”。北宋太原郭茂倩收集汉乐府以下历代合乐的和不合乐的歌谣，以及模拟之作，成为一书，题作《乐府诗集》；他所谓“乐府诗”，范围是很广的。就中汉乐府，沈约《宋书·乐志》特称为“古辞”。

汉乐府的声调和当时称为“雅乐”的三百篇不同，所采取的是新调子。这种新调子有两种：“楚声”和“新声”。屈原的辞可为楚声的代表。汉高祖是楚人，喜欢楚声；楚声比雅乐好听。一般人不用说也是喜欢楚声的。楚声便成了风气。武帝时乐府所采的歌谣，楚以外虽然还有代、赵、秦各地的，但声调也许差不很多。那时却又输入了新声；新声出于西域和北狄的军歌。李延年多采取这种调子唱奏歌谣，从此大行，楚声便让压下去了。楚声的句调比较雅乐参差得多，新声的更比楚声参差得多。可是楚声里也有整齐的五言，楚调曲里各篇更全然如此，像著名的《白头吟》《梁甫吟》《怨歌行》都是的。这就是五言诗的源头。

汉乐府以叙事为主。所叙的社会故事和风俗最多，历史及游仙的故事也占一部分。此外便是男女相思和离别之作，格言式的教训，人生的慨叹等等。这些都是一般人所喜欢的题材。用一般人所喜欢的调子，歌咏一般人所喜欢的题材，自然可以风靡一世。哀帝即位，却以为这些都是不正经的乐歌；他废了乐府，裁了多一半乐工——共四百四十一人——大概都是唱奏各地乐歌的。当时颇想恢复雅乐，但没人懂得，只好罢了。不过一般人还是爱好那些乐歌。这风气直到汉末不变。东汉时候，这些乐歌已经普遍化，文人仿作的渐多；就中也有仿作整齐的五言的，像班固的《咏史》。但这种五言的拟作极少，而班固那一首也未成熟，钟嵘在《诗品·序》里评为“质木无文”，是不错的。直到汉末，一般文体都走向整炼一路，试验这五言体的便多起来；而最高的成就是《文选》所录的《古诗十九首》。

旧传最早的五言诗，是《古诗十九首》和苏武、李陵诗；说“十九首”里有七首是枚乘作的，和苏、李诗都出现于汉武帝时代。但据近来的研究，这十九首古诗实在都是汉末的作品；苏、李诗虽题了苏、李的名字，却不合于他们的事迹；从风格上看，大约也和“十九首”出现在差不多的时候。这十九首古诗并非一人之作，也非一时之作，但都模拟言情的乐府。歌咏的多是相思离别，以及人生无常当及时行乐的意思；也有对于邪臣当道、贤人放逐、朋友富贵相忘、知音难得等事的慨叹。这些都算是普遍的题材；但后一类是所谓“失志”之作，自然兼受了《楚辞》的影响。钟嵘评古诗，“可谓几乎一字千金”；因为所咏的几乎是人人心中所要说的，却不是人人口中、笔下所能说的，而又能够那样平平说出，曲曲说出，所以是好。“十九首”只像对朋友说家常话，并不在字面上用工夫，而自然达意，委婉尽情，合于所谓“温柔敦厚”的诗教。到唐为止，这是五言诗的标准。

汉献帝建安年间（西元一九六—二一九），文学极盛，曹操和他的儿子曹丕、曹植两兄弟是文坛的主持人；而曹植更是个大诗家。这时乐府声调已多失传，他们却用乐府旧题，改作新词；曹丕、曹植兄弟尤其努力在五言体上。他们一班人也作独立的五言诗。叙游宴，述恩荣，开后来应酬一派。但只求明白诚恳，还是歌谣本色。就中曹植在曹丕做了皇帝之后，颇受猜忌，忧患的情感，时时流露在他的作品里。诗中有了“我”，所以独成大家。这时候五言作者既多，开始有了工拙的评论；曹丕说刘桢“五言诗之善者，妙绝时人”，便是例子。但真正奠定了五言诗的基础的是魏代的阮籍，他是第一个用全力作五言诗的人。

阮籍是老、庄和屈原的信徒。他生在魏晋交替的时代，眼见司马氏三代专权，欺负曹家，压迫名士，一肚皮牢骚只得发泄在酒和诗里。他作了《咏怀诗》八十多首，述神话，引史事，叙艳情，托于鸟兽草木之名，主旨不外说富贵不能常保，祸患随时可至，年岁有限，一般人钻在利禄的圈子里，不知放怀远大，真是可怜之极。他的诗充满了这种悲悯的情感，“忧思独伤心”一句可以表见。这里《楚辞》的影响很大，钟嵘说他“源出于《小雅》”，似乎是皮相之谈。本来五言诗自始就脱不了《楚辞》的影响，不过他尤其如此。他还没有用心琢句；但语既浑括，譬喻又多，旨趣更往往难详。这许是当时的不得已，即因此增加了五言诗文人化的程度。他是这样扩大了诗的范围，正式成立了抒情的五言诗。

晋代诗渐渐排偶化、典故化。就中左思的《咏史诗》，郭璞的《游仙诗》，也取法《楚辞》，借古人及神仙抒写自己的怀抱，为后世所宗。郭璞是东晋初的人。跟着就流行了一派玄言诗，孙绰、许询是领袖。他们作诗，只是融化老、庄的文句，抽象说理，所以钟嵘说像“道德论”。这种诗千篇一律，没有“我”；《兰亭集诗》各人所作四言、五言各一首，都是一个味儿，正是好例。但在这种影响下，却孕育了陶渊明和谢灵运两个大诗人。陶渊明，浔阳柴桑人，做了几回小官，觉得做官不自由，终于回到田园，躬耕自活。他也是老、庄的信徒，从躬耕里领略到自然的恬美和人生的道理。他是第一个人将田园生活描写在诗里。他的躬耕免祸的哲学也许不是新的，可都是他从实际生活里体验得来的，与口头的玄理不同，所以亲切有味。诗也不妨说理，但须有理趣，他的诗能够作到这一步。他作诗也只求明白诚恳，不排不典；他的诗是散文化的。这违反了当时的趋势，所以《诗品》只将他放在中品里。但他后来却成了千古“隐逸诗人之宗”。

谢灵运，宋时做到临川太守。他是有政治野心的，可是不得志。他不但是老、庄的信徒，也是佛的信徒。他最爱游山玩水，常常领了一群人到处探奇访胜；他的自然的哲学和出世的哲学教他沉溺在山水的清幽里。他是第一个在诗里用全力刻划山水的人；他也可以说是第一个用全力雕琢字句的人。他用排偶，用典故，却能创造新鲜的句子；不过描写有时不免太繁重罢了。他在赏玩山水的时候，也常悟到一些隐遁的、超旷的人生哲理；但写到诗里，不能和那精巧的描写打成一片，像硬装进去似的。这便不如陶渊明的理趣足，但比那些“道德论”自然高妙得多。陶诗教给人怎样赏味田园，谢诗教给人怎样赏味山水；他们都是发现自然的诗人。陶是写意，谢是工笔。谢诗从制题到造句，无一不是工笔。他开了后世诗人着意描写的路子；他所以成为大家，一半也在这里。

齐武帝永明年间（西元四八三—四九三），“声律说”大盛。四声的分别、平仄的性质、双声叠韵的作用，都有人指出，让诗文作家注意。从前只着重句末的韵，这时更着重句中的“和”；“和”就是念起来顺口，听起来顺耳。从此诗文都力求谐调，远于语言的自然。这时的诗，一面讲究用典，一面讲究声律，不免侧重技巧的毛病。到了梁简文帝，又加新变，专咏艳情，称为“言体”，诗的境界更狭窄了。这种形式与题材的新变，一直影响到唐初的诗。这时候七言的乐歌渐渐发展。汉、魏文士仿作乐府，已经有七言的，但只零星偶见，后来舞曲里常有七言之作。到了宋代，鲍照有《行路难》十八首，人生的感慨颇多，和舞曲描写声容的不一样，影响唐代的李白、杜甫很大。但是梁以来七言的发展，却还跟着舞曲的路子，不跟着鲍照的路子。这些都是宫体的谐调。

唐代谐调发展，成立了律诗绝句，称为近体；不是谐调的诗，称为古体；又成立了古近体的七言诗。古体的五言诗也变了格调。这些都是划时代的。初唐时候，大体上还继续着南朝的风气，辗转在艳情的圈子里。但是就在这时候，沈佺期、宋之问奠定了律诗的体制。南朝论声律，只就一联两句说，沈、宋却能看出谐调有四种句式。两联四句才是谐调的单位，可以称为周期。这单位后来写成“仄仄平平仄　平平仄仄平　平平平仄仄　仄仄仄平平”的谱。沈、宋在一首诗里用两个周期，就是重叠一次；这样，声调便谐和富厚，又不致单调。这就是八句的律诗。律有“声律”“法律”两义。律诗体制短小，组织必须经济，才能发挥它的效力；“法律”便是这个意思。但沈、宋的成就只在声律上，“法律”上的进展，还等待后来的作家。

宫体诗渐渐有人觉得腻味了，陈子昂、李白等说这种诗颓靡浅薄，没有价值。他们不但否定了当时古体诗的题材，也否定了那些诗的形式。他们的五言古体，模拟阮籍的《咏怀》，但是失败了。一般作家却只大量地仿作七言的乐府歌行，带着多少的排偶与谐调。——当时往往就这种歌行里截取谐调的四句入乐奏唱。——可是李白更撇开了排偶和谐调，作他的七言乐府。李白，蜀人，明皇时做供奉翰林；触犯了杨贵妃，不能得志。他是个放浪不羁的人，便辞了职，游山水，喝酒，作诗。他的乐府很多，取材很广；他是籍着乐府旧题来抒写自己生活的。他的生活态度是出世的，他作诗也全任自然。人家称他为“天上谪仙人”，这说明了他的人和他的诗。他的歌行增进了七言诗的价值，但他的绝句更代表着新制。绝句是五言或七言的四句，大多数是谐调。南北朝民歌中，五言四句的谐调最多，影响了唐人；南朝乐府里也有七言四句的，但不太多。李白和别的诗家纷纷制作，大约因为当时输入的西域乐调宜于这体制，作来可供宫廷及贵人家奏唱。绝句最短小，贵含蓄，忌说尽，李白所作，自然而不觉费力，并且暗示着超远的境界；他给这新体诗立下了一个标准。

但是真正继往开来的诗人是杜甫。他是河南巩县人。安禄山陷长安，肃宗在灵武即位，他从长安逃到灵武，做了“左拾遗”的官，因为谏救房琯，被放了出去。那时很乱，又是荒年，他辗转流落到成都，依靠故人严武，做到“检校工部员外郎”，所以后来称为杜工部。他在蜀中住了很久。严武死后，他避难到湖南，就死在那里。他是儒家的信徒，“致君尧舜上，再使风俗淳”是他的素志。又身经乱离，亲见了民间疾苦。他的诗努力描写当时的情形，发抒自己的感想。唐代以诗取士，诗原是应试的玩意儿；诗又是供给乐工歌妓唱了去伺候宫廷及贵人的玩意儿。李白用来抒写自己的生活，杜甫用来抒写那个大时代，诗的领域扩大了，价值也增高了。而杜甫写“民间的实在痛苦，社会的实在问题，国家的实在状况，人生的实在希望与恐惧”，更给诗开辟了新世界。

他不大仿作乐府，可是他描写社会生活，正是乐府的精神；他的写实的态度也是从乐府来的。他常在诗里发议论，并且引证经史百家；但这些议论和典故都是通过了他的满腔热情奔迸出来的，所以还是诗。他这样将诗历史化和散文化，他这样给诗创造了新语言。古体的七言诗到他手里正式成立，古体的五言诗到他手里变了格调。从此“温柔敦厚”之外，又开了“沉着痛快”一派。五言律诗，王维、孟浩然已经不用来写艳情而用来写山水；杜甫却更用来表现广大的实在的人生。他的七言律诗，也是如此。他作律诗很用心在组织上。他的五言律诗最多，差不多穷尽了这体制的变化。他的绝句直述胸怀，嫌没有余味；但那些描写片段的生活印象的，却也不缺少暗示的力量。他也能欣赏自然，晚年所作，颇有精新的刻划的句子。他又是个有谐趣的人，他的诗往往透着滑稽的风味。但这种滑稽的风味和他的严肃的态度调和得那样恰到好处，一点也不至于减损他和他的诗的身分。

杜甫的影响直贯到两宋时代，没有一个诗人不直接间接学他的，没有一个诗人不发扬光大他的。古文家韩愈，跟着他将诗进一步散文化；而又造奇喻，押险韵，铺张描写，像汉赋似的。他的诗逞才使气，不怕说尽，是“沉着痛快”的诗。后来有元稹、白居易二人在政治上都升沉了一番，他们却继承杜甫写实的表现人生的态度。他们开始将这种态度理论化，主张诗要“上以补察时政，下以泄导人情”，“嘲风雪，弄花草”是没有意义的。他们反对雕琢字句，主张诚实自然。他们将自己的诗分为“讽谕”的和“非讽谕”的两类。他们的诗却容易懂，又能道出人人心中的话，所以雅俗共赏，一时风行。当时最流传的是他们新创的谐调的七言叙事诗，所谓“长庆体”的，还有社会问题诗。

晚唐诗向来推李商隐、杜牧为大家。李一生辗转在党争的影响中。他和温庭筠并称，他们的诗又走回艳情一路。他们集中力量在律诗上，用典精巧，对偶整切。但李学杜、韩，器局较大；他的艳情诗有些实在是政治的譬喻，实在是感时伤事之作，所以地位在温之上。杜牧做了些小官儿，放荡不羁，而很负盛名，人家称为小杜——老杜是杜甫。他的诗词采华艳，却富有纵横气，又和温、李不同，然而都可以归为绮丽一派。这时候别的诗家也集中力量在律诗上。一些人专学张籍、贾岛的五言律，这两家都重苦吟，总琢磨着将平常的题材写得出奇，所以思深语精，别出蹊径。但是这种诗写景有时不免琐屑，写情有时不免偏僻，便觉不大方。这是僻涩一派。另一派出于元、白，作诗如说话，嬉笑怒骂，兼而有之，又时时杂用俗语。这是粗豪一派。这些其实都是杜甫的鳞爪，也都是宋诗的先驱；绮丽一派只影响宋初的诗，僻涩、粗豪两派却影响了宋一代的诗。

宋初的诗专学李商隐，末流只知道典故对偶，真成了诗玩意儿。王禹偁独学杜甫，开了新风气。欧阳修、梅尧臣接着发现了韩愈，起始了宋诗的散文化。欧阳修曾遭贬谪；他是古文家。梅尧臣一生不得志。欧诗虽学韩，却平易疏畅，没有奇险的地方。梅诗幽深淡远，欧评他“譬如妖韶女，老自有余态”，“初如食橄榄，其味久愈在”。宋诗散文化，到苏轼而极。他是眉州眉山（今四川眉山）人，因为攻击王安石的新法，一辈子升沉在党争中。他将禅理大量地放进诗里，开了一个新境界。他的诗气象洪阔，铺叙宛转，又长于譬喻，真到用笔如舌的地步；但不免“掉书袋”的毛病。他门下出了一个黄庭坚，是第一个有意地讲究诗的技巧的人。他是洪州分宁（今江西修水）人，也因党争的影响，屡遭贬谪，终于死在贬所。他作诗着重锻炼，着重句律；句律就是篇章字句的组织与变化。他开了江西诗派。

刘克庄《江西诗派小序》说他“会萃百家句律之长，究极历代体制之变，搜猎奇书，穿穴异闻，作为古律，自成一家；虽只字半句不轻出”。他不但讲究句律，并且讲究运用经史以至奇书异闻，来增富他的诗。这些都是杜甫传统的发扬光大。王安石已经提倡杜诗，但到黄庭坚，这风气才昌盛。黄还是继续将诗散文化，但组织得更经济些；他还是在创造那阔大的气象，但要使它更富厚些。他所求的是新变。他研究历代诗的利病，将作诗的规矩得失，指示给后学，教他们知道路子，自己去创造，展到变化不测的地步。所以能够独开一派。他不但创新，还主张点化陈腐以为新；创新需要大才，点化陈腐，中才都可勉力作去。他不但能够“以故为新”，并且能够“以俗为雅”。其实宋诗都可以说是如此，不过他开始有意地运用这两个原则罢了。他的成就尤其在七言律上，组织固然更精密，音调也谐中有拗，使每个字都斩绝地站在纸面上，不至于随口滑过去。

南宋的三大诗家都是从江西派变化出来的。杨万里为人有气节，他的诗常常变格调。写景最工，新鲜活泼的譬喻，层见叠出，而且不碎不僻，能从大处下手。写人的情意，也能铺叙纤悉，曲尽其妙；所谓“笔端有口，句中有眼”。他作诗只是自然流出，可是一句一转，一转一意；所以只觉得熟，不觉得滑。不过就全诗而论，范围究竟狭窄些。范成大是个达官。他是个自然诗人，清新中兼有拗峭。陆游是个爱君爱国的诗人。吴之振《宋诗钞》说他学杜而能得杜的心。他的诗有两种：一种是感激豪宕，沉郁深婉之作；一种是流连光景，清新刻露之作。他作诗也重真率，轻“藻绘”，所谓“文章本天成，妙手偶得之”。他活到八十五岁，诗有万首，最熟于诗律，七言律尤为擅长。——宋人的七言律实在比唐人进步。

向来论诗的对于唐以前的五言古诗，大概推尊，以为是诗的正宗；唐以后的五言古诗，却说是变格，价值差些，可还是诗。诗以“吟咏情性”，该是“温柔敦厚”的。按这个界说，齐、梁、陈、隋的五言古诗其实也不够格，因为题材太小，声调太软，算不得“敦厚”。七言歌行及近体成立于唐代，却只能以唐代为正宗。宋诗议论多，又一味刻划，多用俗语，拗折声调。他们说这只是押韵的文，不是诗。但是推尊宋诗的却以为天下事物穷则变，变则通，诗也是如此。变是创新，是增扩，也就是进步。若不容许变，那就只有模拟，甚至只有钞袭；那种“优孟衣冠”，甚至土偶木人，又有什么意义可言！即如模拟所谓盛唐诗的，末流往往只剩了空廓的架格和浮滑的声调；要是再不变，诗道岂不真穷了？所以诗的界说应该随时扩展，“吟咏情性”“温柔敦厚”诸语，也当因历代的诗辞而调整原语的意义。诗毕竟是诗，无论如何地扩展与调整，总不会与文混合为一的。诗体正变说起于宋代，唐、宋分界说起于明代；其实历代诗各有胜场，也各有短处，只要知道新、变，便是进步，这些争论是都不成问题的。

文第十三

现存的中国最早的文，是商代的卜辞。这只算是些句子，很少有一章一节的。后来《周易》卦爻辞和《鲁春秋》也是如此，不过经卜官和史官按着卦爻与年月的顺序编纂起来，比卜辞显得整齐些罢了。便是这样，王安石还说《鲁春秋》是“断烂朝报”。所谓“断”，正是不成片段，不成章节的意思。卜辞的简略大概是工具的缘故，在脆而狭的甲骨上用刀笔刻字，自然不得不如此。卦爻辞和《鲁春秋》似乎没有能够跳出卜辞的氛围去，虽然写在竹木简上，自由比较多，却依然只跟着卜辞走。《尚书》就不同了。《虞夏书》大概是后人追记，而且大部分是战国末年的追记，可以不论；但那几篇《商书》，即使有些是追记，也总在商周之间。那不但有章节，并且成了篇，足以代表当时史的发展，就是叙述文的发展。而议论文也在这里面见了源头。卜辞是“辞”，《尚书》里大部分也是“辞”。这些都是官文书。

记言记事的辞之外，还有讼辞。打官司的时候，原被告的口供都叫做“辞”；辞原是“讼”的意思，是辩解的言语。这种辞关系两造的利害很大，两造都得用心陈说；审判官也得用心听，他得公平地听两面儿的。这种辞也兼有叙述和议论，两造自己办不了，可以请教讼师。这至少是周代的情形。春秋时候，列国交际频繁，外交的言语关系国体和国家的利害更大，不用说更需慎重了。这也称为“辞”，又称为“命”，又合称为“辞命”或“辞令”。郑子产便是个善于辞命的人。郑是个小国，他办外交，却能教大国折服，便靠他的辞命。他的辞引古为证，宛转而有理，他的态度却坚强不屈。孔子赞美他的辞，更赞美他的“慎辞”。孔子说当时郑国的辞命，子产先教裨谌创意起草，交给世叔审查，再教行人子羽修改，末了儿他再加润色。他的确是很慎重的。辞命得“顺”，就是宛转而有理；还得“文”，就是引古为证。

孔子很注意辞命，他觉得这不是件易事，所以自己谦虚地说是办不了。但教学生却有这一科，他称赞宰我子贡，擅长言语，“言语”就是“辞命”。那时候言文似乎是合一的。辞多指说出的言语，命多指写出的言语；但也可以兼指。各国派使臣，有时只口头指示策略，有时预备下稿子让他带着走。这都是命。使臣受了命，到时候总还得随机应变，自己想说话；因为许多情形是没法预料的。——当时言语，方言之外有“雅言”。“雅言”就是“夏言”，是当时的京话或官话。孔子讲学似乎就用雅言，不用鲁语。卜、《尚书》和辞命，大概都是历代的雅言。讼辞也许不同些。雅言用的既多，所以每字都能写出，而写出的和说出的雅言，大体上是一致的。孔子说“辞”只要“达”就成。辞是辞命，“达”是明白，辞多了像背书，少了说不明白，多少要恰如其分。辞命的重要，代表议论文的发展。

战国时代，游说之风大盛。游士立谈可以取卿相，所以最重说辞。他们的说辞却不像“春秋”的辞命那样从容宛转了。他们铺张局势，滔滔不绝，真像背书似的；他们的话，像天花乱坠，有时夸饰，有时诡曲，不问是非，只图激动人主的心。那时最重辩。墨子是第一个注意辩论方法的人，他主张“言必有三表”。“三表”是“上本之于古者圣王之事”，“下原察百姓耳目之实”，“废（发）以为刑政，观其中国家百姓人民之利”；便是三个标准。不过他究竟是个注重功利的人，不大喜欢文饰，“恐人怀其文，忘其‘用’”，所以楚王说他“言多不辩”。——后来有了专以辩论为事的“辩者”，墨家这才更发展了他们的辩论方法，所谓《墨经》便成于那班墨家的手里。——儒家的孟、荀也重辩。孟子说："予岂好辩哉？予不得已也！"荀子也说："君子必辩。"这些都是游士的影响。但道家的老、庄，法家的韩非，却不重辩。《老子》里说，"信言不美，美言不信"，"老学"所重的是自然。《庄子》里说，"大辩不言"，"庄学"所要的是神秘。韩非也注重功利，主张以法禁辩，说辩"生于上之不明"。后来儒家作《易·文言传》，也道："君子进德修业。忠信，所以进德也；修辞立其诚，所以居业也。"这不但是在暗暗地批评着游士好辩的风气，恐怕还在暗暗地批评着后来称为名家的"辩者"呢。《文言传》旧传是孔子所作，不足信；但这几句话和"辞达"论倒是合拍的。

孔子开了私人讲学的风气，从此也便有了私家的著作。第一种私家著作是《论语》，却不是孔子自作而是他的弟子们记的他的说话。诸子书大概多是弟子们及后学者所记，自作的极少。《论语》以记言为主，所记的多是很简单的。孔子主张"慎言"，痛恨"巧言"和"利口"；他向弟子们说话，大概是很质直的，弟子们体念他的意思，也只简单地记出。到了墨子和孟子，可就铺排得多。《墨子》大约也是弟子们所记。《孟子》据说是孟子晚年和他的弟子公孙丑、万章等编定的，可也是弟子们记言的体制。那时是个"好辩"的时代。墨子虽不好辩，却也脱不了时代影响。孟子本是个好辩的人。记言体制的恢张，也是自然的趋势。这种记言是直接的对话。由对话而发展为独白，便是"论"。初期的论，言意浑括，《老子》可为代表；后来的《墨经》《韩非子·储说》的经，《管子》的《经言》，都是这体制。再进一步，便是恢张的论，《庄子·齐物论》等篇以及《荀子》《韩非子》《管子》的一部分，都是的。——群经诸子书里常常夹着一些韵句，大概是为了强调。后世的文也偶尔有这种例子。中国的有韵文和无韵文的界限，是并不怎样严格的。

还有一种"寓言"，藉着神话或历史故事来抒论。《庄子》多用神话，《韩非子》多用历史故事：《庄子》有些神仙家言，《韩非子》是继承《庄子》的寓言而加以变化。战国游士的说辞也好用譬喻。譬喻成了风气，这开了后来辞赋的路。论是进步的体制，但还只以篇为单位，"书"的观念还没有。直到《吕氏春秋》，才成了第一部有系统的书。这部书成于吕不韦的门客之手，有十二纪、八览、六论，共三十多万字。十二代表十二月，八是卦数，六是秦代的圣数；这些数目是本书的间架，是外在的系统，并非逻辑的秩序，汉代刘安主编《淮南子》，才按照逻辑的秩序，结构就严密多了。自从有了私家著作，学术日渐平民化。著作越过越多，流传也越过越广。“雅言”便成了凝定的文体了。后世大体采用，言文渐渐分离。战国末期，“雅言，之外原还有齐语、楚语两种有势力的方言。但是齐语只在《春秋公羊传》里留下一些，楚语只在屈原的“辞”里留下几个助词如“羌”“些”等；这些都让“雅言”压倒了。

伴随着议论文的发展，记事文也有了长足的进步。这里《春秋左氏传》是一座里程碑。在前有分国记言的《国语》，《左传》从它里面取材很多。那是铺排的记言，一面以《尚书》为范本，一面让当时记言体的恢张的趋势推动着，成了这部书。其中自然免不了记事的文字；《左传》便从这里出发，将那恢张的趋势表现在记事文里。那时游士的说辞也有人分国记载，也是铺排的记言，后来成为《战国策》那部书。《左传》是说明《春秋》的，是中国第一部编年史。它最长于战争的记载，它能够将千头万绪的战事叙得层次分明，它的描写更是栩栩如生。它的记言也异曲同工，不过不算独创罢了。它可还算不得一部有自己的系统的书，它的顺序是依着《春秋》的。《春秋》的编年并不是自觉的系统，而且“断如复断”，也不成一部“书”。

汉代司马迁的《史记》才是第一部有自己的系统的史书。他创造了“纪传”的体制。他的书包括十二本纪、十表、八书、三十世家、七十列传，共五十多万字。十二是十二月，是地支；十是天干；八是卦数；三十取《老子》“三十辐共一毂”的意思，表示那些“辅弼股肱之臣”“忠信行道以奉主上”；七十表示人寿之大齐，因为列传是记载人物的。这也是用数目的哲学作系统，并非逻辑的秩序，和《吕氏春秋》一样。这部书“厥协六经异传，整齐百家杂语”，以剪裁与组织见长。但是它的文字最大的贡献，还在描写人物。左氏只是描写事，司马迁进一步描写人；写人更需要精细的观察和选择，比较的更难些。班彪论《史记》“善叙事理，辨而不华，质而不野，文质相称”，这是说司马迁行文委曲自然。他写人也是如此。他又往往即事寓情，低徊不尽；他的悲愤的襟怀，常流露在字里行间。明代茅坤称他“出风入骚”，是不错的。

汉武帝时候，盛行辞赋；后世说“楚辞汉赋”，真的，汉代简直可以说是赋的时代。所有的作家几乎都是赋的作家。赋既有这样压倒的势力，一切的文体，自然都受它的影响。赋的特色是铺张、排偶、用典故。西汉记事记言，都还用散行的文字，语意大抵简明；东汉就在散行里夹排偶，汉魏之际，排偶更甚。西汉的赋，虽用排偶，却还重自然，并不力求工整；东汉到魏，越来越工整，典故也越用越多。西汉普通文字，句子很短，最短有两个字的。东汉的句子，便长起来，最短的是四个字；魏代更长，往往用上四下六或上六下四的两句以完一意。所谓“骈文”或“骈体”，便这样开始发展。骈体出于辞赋，夹带着不少的抒情的成分；而句读整齐，对偶工丽，可以悦目，声调和谐，又可悦耳，也都助人情韵。因此能够投人所好，成功了不废的体制。

梁昭明太子在《文选》里第一次提出“文”的标准，可以说是骈体发展的指路牌。他不选经子史，也不选“辞”。经太尊，不可选；史“褒贬是非，纪别异同”，不算“文”；子“以立意为宗，不以能文为本”；“辞”是子史的支流，也都不算“文”。他所选的只是“事出于沉思，义归乎翰藻”之作。“事”是“事类”，就是典故；“翰藻”兼指典故和譬喻。典故用得好的，譬喻用得好的，他才选在他的书里。这种作品好像各种乐器，“并为入耳之娱”，好像各种绣衣，“俱为悦目之玩”。这是“文”，和经子史及“辞”的作用不同，性质自异。后来梁元帝又说：“吟咏风谣，流连哀思者谓之文”“文者，惟须绮縠纷披，宫征靡曼，唇吻遒会，情灵摇荡。”这是说，用典故、有对偶、谐声调的抒情作品才叫做“文”呢。这种“文”大体上专指诗赋和骈体而言；但应用的骈体如章奏等，却不算在里头。汉代本已称诗赋为“文”，而以“文辞”或“文章”称记言、记事之作。骈体原也是些记言、记事之作，这时候却被提出一部分来，与诗赋并列在“文”的尊称之下，真是“附庸蔚为大国”了。

这时有两种新文体发展。一是佛典的翻译，一是群经的义疏。佛典翻译从前不是太直，便是太华；太直的不好懂，太华的简直是魏、晋人讲老、庄之学的文字，不见新义。这些译笔都不能做到“达”的地步。东晋时候，后秦主姚兴聘龟兹僧鸠摩罗什为国师，主持译事。他兼通华语及西域语，所译诸书，一面曲从华语，一面不失本旨。他的译笔可也不完全华化，往往有“天然西域之语趣”；他介绍的“西域之语趣”是华语所能容纳的，所以觉得“天然”。新文体这样成立在他的手里。但他的翻译虽能“达”，却还不能尽“信”，他对原文是不太忠实的。到了唐代的玄奘，更求精确，才能“信”“达”兼尽，集佛典翻译的大成。这种新文体一面增扩了国语的词汇，也增扩了国语的句式。词汇的增扩，影响最大而易见，如现在口语里还用着的“因果”“忏悔”“刹那”等词，便都是佛典的译语。句式的增扩，直接的影响比较小些，但像文言里常用的“所以者何”“何以故”等也都是佛典的译语。另一面，这种文体是“组织的，解剖的”。这直接影响了佛教徒的注疏和“科分”之学，间接影响了一般解经和讲学的人。

演释古人的话的有“故”“解”“传”“注”等。用故事来说明或补充原文，叫做“故”。演释原来辞意，叫做“解”。但后来解释字句，也叫做“故”或“解”。“传”，转也，兼有“故”“解”的各种意义。如《春秋左氏传》补充故事，兼阐明《春秋》辞意。《公羊传》《穀梁传》只阐明《春秋》辞意——用的是问答式的记言。《易传》推演卦爻辞的意旨，也是铺排的记言。《诗毛氏传》解释字句，并给每篇诗作小序，阐明辞意。“注”原只解释字句，但后来也有推演辞意、补充故事的。用故事来说明或补充原文，以及一般地解释辞意，大抵明白易晓。《春秋》三传和《诗毛氏传》阐明辞意，却是断章取义，甚至断句取义，所以支离破碎，无中生有。注字句的本不该有大出入，但因对于辞意的见解不同，去取字义，也有各别的标准。注辞意的出入更大。像王弼注《周易》，实在是发挥老、庄的哲学；郭象注《庄子》，更是藉了《庄子》发挥他自己的哲学。南北朝人作群经“义疏”，一面便是王弼等人的影响，一面也是翻译文体的间接影响。这称为“义疏”之学。

汉晋人作群经的注，注文简括，时代久了，有些便不容易通晓。南北朝人给这些注作解释，也是补充材料，或推演辞意。“义疏”便是这个。无论补充或推演，都得先解剖文义；这种解剖必然地比注文解剖经文更精细一层。这种精细的却不算是破坏的解剖，似乎是佛典翻译的影响。就中推演辞意的有些也只发挥老、庄之学，虽然也是无中生有，却能自成片段，便比汉人的支离破碎进步。这是王弼等人的衣钵，也是魏晋以来哲学发展的表现。这是又一种新文体的分化。到了唐修《五经正义》，削去玄谈，力求切实，只以疏明注义为重。解剖字句的工夫，至此而极详。宋人所谓“注疏”的文体，便成立在这时代。后来清代的精详的考证文，就是从这里变化出来的。

不过佛典只是佛典，义疏只是义疏，当时没有人将这些当作“文”的。“文”只用来称“沉思翰藻”的作品。但“沉思翰藻”的“文”，渐渐有人嫌“浮”“艳”了。“浮”是不直说，不简截说的意思。“艳”正是隋代李谔《上文帝书》中所指斥的：“连篇累牍，不出月露之形，积案盈箱，唯是风云之状。”那时北周的苏绰是首先提倡复古的人，李谔等纷纷响应。但是他们都没有找到路子，死板地模仿古人，到底是行不通的。唐初，陈子昂提倡改革文体，和者尚少。到了中叶，才有一班人“宪章六艺，能探古人述作之旨”，而元结、独孤及、梁肃最著。他们作文，主于教化，力避排偶，辞取朴拙。但教化的观念，广泛难以动众，而关于文体，他们不曾积极宣扬，因此未成宗派。开宗派的是韩愈。

韩愈，邓州南阳（今河南南阳）人。唐宪宗时，他做刑部侍郎，因谏迎佛骨被贬；后来官至吏部侍郎，所以称为“韩吏部”。他很称赞陈子昂、元结复古的功劳，又曾请教过梁肃、独孤及。他的脾气很坏，但提携后进，最是热肠。当时人不愿为师，以避标榜之名；他却不在乎，大收其弟子。他可不愿做章句师，他说师是“传道授业解惑”的。他实在是以文辞为教的创始者。他所谓“传道”，便是传尧、舜、禹、汤、文、武、周公、孔子、孟子的道；所谓“解惑”，便是排斥佛、老。他是以继承孟子自命的，他排佛老，正和孟子的距杨、墨一样。当时佛、老的势力极大，他敢公然排斥，而且因此触犯了皇帝。这自然足以惊动一世。他并没有传了甚么新的道，却指示了道统，给宋儒开了先路。他的重要的贡献，还在他所提倡的“古文”上。

他说他作文取法《尚书》《春秋》《左传》《周易》《诗经》以及《庄子》《楚辞》《史记》、扬雄、司马相如等。《文选》所不收的经子史，他都排进“文”里去。这是一个大改革，大解放。他这样建立起文统来。但他并不死板地复古，而以变古为复古。他说，“惟古于辞必己出，降而不能乃剽贼”，又说，“惟陈言之务去，戛戛乎其难哉”；他是在创造新语。他力求以散行的句子换去排偶的句子，句逗总弄得参参差差的。但他有他的标准，那就是“气”。他说，“气盛则言之短长与声之高下者皆宜”；“气”就是自然的语气，也就是自然的音节。他还不能跳出那定体“雅言”的圈子而采用当时的白话，但有意地将白话的自然音节引到文里去，他是第一个人。在这一点上，所谓“古文”也是不“古”的；不过他提出“语气流畅”（气盛）这个标准，却给后进指点了一条明路。他的弟子本就不少，再加上私淑的，都往这条路上走，文体于是乎大变。这实在是新体的“古文”，宋代又称为“散文”——算成立在他的手里。

柳宗元与韩愈，宋代并称；他们是好朋友。柳作文取法《书》《诗》《礼》《春秋》《易》以及《穀梁》《孟》《荀》《庄》《老》《国语》《离骚》《史记》，也将经子史排在“文”里，和韩的文统大同小异。但他不敢为师，“摧陷廓清”的劳绩，比韩差得多。他的学问见解，却在韩之上，并不墨守儒言。他的文深幽精洁，最工游记；他创造了描写景物的新语。韩愈的门下有难易两派。爱易派主张新而不失自然，李翱是代表。爱难派主张新就不妨奇怪，皇甫湜是代表。当时爱难派的流传盛些。他们矫枉过正，语艰意奥，扭曲了自然的语气、自然的音节，僻涩诡异，不易读诵。所以唐末宋初，骈体文又回光反照了一下。雕琢的骈体文和僻涩的古文先后盘踞着宋初的文坛。直到欧阳修出来，才又回到韩愈与李翱，走上平正通达的古文的路。

韩愈抗颜为人师而提倡古文，形势比较难；欧阳修居高位而提倡古文，形势比较容易。明代所称唐宋八大家，韩、柳之外，六家都是宋人。欧阳修为首，以下是曾巩、王安石、苏洵和他的儿子苏轼、苏辙。曾巩、苏轼是欧阳修的门生；别的三个也都是他提拔的。他真是当时文坛的盟主。韩愈虽然开了宗派，却不曾有意地立宗派；欧、苏是有意地立宗派。他们虽也提倡道，但只促进了并且扩大了古文的发展。欧文主自然。他所作纡徐曲折，而能条达疏畅，无艰难劳苦之态；最以言情见长，评者说是从《史记》脱化而出。曾学问有根柢，他的文确实而谨严；王是政治家，所作以精悍胜人。三苏长于议论，得力于《战国策》《孟子》；而苏轼才气纵横，并得力于《庄子》。他说他的文“随物赋形”，“常行于所当行，常止于不可不止”；又说他意到笔随，无不尽之处。这真是自然的极致了。他的文，学的人最多。南宋有“苏文熟，秀才足”的俗谚，可见影响之大。

欧、苏以后，古文成了正宗。辞赋虽还算在古文里头，可是从辞赋出来的骈体却只拿来作应用文了。骈体声调铿锵，便于宣读，又可铺张词藻，不着边际，便于酬酢，作应用文是很相宜的。所以流传到现在，还没有完全死去。但中间却经过了散文化，自从唐代中叶的陆贽开始。他的奏议切实恳挚，绝不浮夸，而且明白晓畅，用笔如舌。唐末，骈体的应用文专称“四六”，却更趋雕琢；宋初还是如此。转移风气的也是欧阳修。他多用虚字和长句，使骈体稍稍近于语气之自然。嗣后群起仿效，散文化的骈文竟成了定体了。这也是古文运动的大收获。

唐代又有两种新文体发展。一是语录，一是“传奇”，都是佛家的影响。语录起于禅宗。禅宗是革命的宗派，他们只说法而不著书。他们大胆地将师父们的话参用当时的口语记下来。后来称这种体制为语录。他们不但用这种体制纪录演讲，还用来通信和讨论。这是新的记言的体制，里面夹杂着“雅言”和译语。宋儒讲学，也采用这种记言的体制，不过不大夹杂译语。宋儒的影响究竟比禅宗大得多，语录体从此便成立了，盛行了。

传奇是有结构的小说。从前只有杂录或琐记的小说，有结构的从传奇起头。传奇记述艳情，也记述神怪；但将神怪人情化。这里面描写的人生，并非全是设想，大抵还是以亲切的观察作底子。这开了后来佳人才子和鬼狐仙侠等小说的先路。它的来源一方面是俳谐的辞赋，一方面是翻译的佛典故事；佛典里长短的寓言所给予的暗示最多。当时文士作传奇，原来只是向科举的主考官介绍自己的一种门路。当时应举的人在考试之前，得请达官将自己姓名介绍给主考官；自己再将文章呈给主考官看。先呈正经文章，过些时再呈杂文如传奇等，传奇可以见史才、诗、笔、议论，人又爱看，是科举的很好媒介。这样，作者便日见其多了。

到了宋代，又有"话本"。这是白话小说的老祖宗。话本是"说话"的底本，"说话"略同后来的"说书"，也是佛家的影响。唐代佛家向民众宣讲佛典故事，连说带唱，本子夹杂"雅言"和口语，叫做"变文"；"变文"后来也有说唱历史故事及社会故事的。"变文"便是"说话"的源头，"说话"里也还有演说佛典这一派。"说话"是平民的艺术，宋仁宗很爱听，以后便变为专业，大流行起来了。这里面有说历史故事的，有说神怪故事的，有说社会故事的。"说话"渐渐发展，本来由一个或几个同类而不相关联的短故事，引出一个同类而不相关联的长故事的，后来却能将许多关联的故事组织起来，分为"章回"了。这是体制上一个大进步。

话本留存到现在的已经很少，但还足以见出后世的几部小说名著，如元罗贯中的《三国志演义》，明施耐庵的《水浒传》，吴承恩的《西游记》，都是从话本演化出来的；不过这些已是文人的作品，而不是话本了。就中《三国志演义》还夹杂着"雅言"，《水浒传》和《西游记》便都是白话了。这里除《西游记》以设想为主外，别的都可以说是写实的。这种写实的作风在清代曹雪芹的《红楼梦》里得着充分的发展。《三国志演义》等书里的故事虽然是关联的，却不是联贯的。到了《红楼梦》，组织才更严密了；全书只是一个家庭的故事。虽然包罗万有，而能"一以贯之"。这不但是章回小说，而且是近代所谓"长篇小说"了。白话小说到此大成。

明代用八股文取士，一般文人都镂心刻骨地去简炼揣摩，所以极一代之盛。“股”是排偶的意思，这种体制，中间有八排文字互为对偶，所以有此称。——自然也有变化，不过“八股”可以说是一般的标准。——又称为“四书文”，因为考试里最重要的文字、题目都出在四书里。又称为“制艺”，因为这是朝廷法定的体制。又称为“时文”，是对古文而言。八股文也是推演经典辞意的，它的来源，往远处说，可以说是南北朝义疏之学，往近处说，便是宋元两代的经义。但它的格律，却是从“四六”演化的。宋代定经义为考试科目，是王安石的创制；当时限用他的群经“新义”，用别说的不录，元代考试，限于四书，规定用朱子的章句和集注。明代制度，主要的部分也是如此。

经义的格式，宋末似乎已有规定的标准，元明两代大体上递相承袭。但明代有两种大变化：一是排偶，一是代古人语气。因为排偶，所以讲究声调。因为代古人语气，便要揣写口吻；圣贤要像圣贤口吻，小人要像小人的。这是八股文的仅有的本领，大概是小说和戏曲的不自觉的影响。八股文格律定得那样严，所以得简炼揣摩，一心用在技巧上。除了口吻、技巧和声调之外，八股文里是空洞无物的。而因为那样难，一般作者大都只能套套滥调，那真是“每下愈况”了。这原是君主牢笼士人的玩艺儿，但它的影响极大；明清两代的古文大家几乎没有一个不是八股文出身的。

清代中叶，古文有桐城派，便是八股文的影响。诗文作家自己标榜宗派，在前只有江西诗派，在后只有桐城文派。桐城派的势力，绵延了二百多年，直到民国初期还残留着；这是江西派比不上的。桐城派的开山祖师是方苞，而姚鼐集其大成。他们都是安徽桐城人，当时有“天下文章在桐城”的话，所以称为桐城派。方苞是八股文大家。他提倡归有光的文章，归也是明代八股文兼古文大家。方是第一个提倡“义法”的人。他论古文以为“六经”和《论语》《孟子》是根源，得其枝流而义法最精的是《左传》《史记》；其次是《公羊传》《穀梁传》《国语》《国策》，两汉的书和疏，唐宋八家文——再下怕就要数到归有光了。这是他的，也是桐城派的，文统论。“义”是用意，是层次；“法”是求雅、求洁的条目。雅是纯正不杂，如不可用语录中语、骈文中丽语，汉赋中板重字法、诗歌中俊语，南北史中佻巧语，以及佛家语。后来姚鼐又加上注疏语和尺牍语。洁是简省字句。这些“法”其实都是从八股文的格律引伸出来的。方苞论文，也讲“阐道”；他是信程、朱之学的，不过所入不深罢了。

方苞受八股文的束缚太甚，他学得的只是《史记》、欧、曾、归的一部分，只是严整而不雄浑，又缺乏情韵。姚鼐所取法的还是这几家，虽然也不雄浑，却能“迂回荡漾，余味曲包”，这是他的新境界。《史记》本多含情不尽之处，所谓远神的。欧文颇得此味，归更向这方面发展——最善述哀，姚简直用全力揣摩。他的老师刘大櫆指出作文当讲究音节，音节是神气的迹象，可以从字句下手。姚鼐得了这点启示，便从音节上用力，去求得那绵邈的情韵。他的文真是所谓“阴与柔之美”。他最主张诵读，又最讲究虚助字，都是为此。但这分明是八股文讲究声调的转变。刘是雍正副榜，姚是乾隆进士，都是用功八股文的。当时汉学家提倡考据，不免繁琐的毛病。姚鼐因此主张义理、考据、词章三端相济，偏废的就是“陋”儒。但他的义理不深，考据多误，所有的还只是词章本领。他选了《古文辞类纂》，序里虽提到“道”，书却只成为古文的典范。书中也不选经子史，经也因为太尊，子史却因为太多。书中也选辞赋。这部选本是桐城派的经典，学文的必由于此，也只须由于此。方苞评归有光的文庶几“有序”，但“有物之言”太少，曾国藩评姚鼐也说一样的话，其实桐城派都是如此。攻击桐城派的人说他们空疏浮浅，说他们范围太窄，全不错；但他们组织的技巧，言情的技巧，也是不可抹杀的。

姚鼐以后，桐城派因为路太窄，渐有中衰之势。这时候仪征阮元提倡骈文正统论。他以《文选序》和南北朝“文”“笔”的分别为根据，又扯上传为孔子作的《易·文言传》。他说用韵用偶的才是文，散行的只是笔，或是“直言”的“言”，“论难”的“语”。古文以立意、记事为宗，是子史正流，终究与文章有别。《文言传》多韵语、偶语，所以孔子才题为“文”言。阮元所谓韵，兼指句末的韵与句中的“和”而言。原来南北朝所谓“文”“笔”，本有两义：“有韵为文，无韵为笔”，是当时的常言。——韵只是句末韵。阮元根据此语，却将“和”也算是韵，这是曲解一。梁元帝说有对偶、谐声调的抒情作品是文，骈体的章奏与散体的著述都是笔。阮元却只以散体为笔，这是曲解二。至于《文言传》，固然称“文”，却也称“言”，况且也非孔子所作——这更是傅会了。他的主张虽然也有一些响应的人，但是不成宗派。

曾国藩出来，中兴了桐城派。那时候一般士人，只知作八股文；另一面汉学宋学的门户之争，却越来越利害，各走偏锋。曾国藩为补偏救弊起见，便就姚鼐义理、考据、词章、三端相济之说加以发扬光大。他反对当时一般考证文的芜杂琐碎，也反对当时崇道贬文的议论，以为要明先王之道，非精研文字不可；各家著述的见道多寡，也当以他们的文为衡量的标准。桐城文的病在弱在窄，他却能以深博的学问、弘通的见识、雄直的气势，使它起死回生。他才真回到韩愈，而且胜过韩愈。他选了《经史百家杂钞》，将经史子也收入选本里，让学者知道古文的源流，文统的一贯，眼光便比姚鼐远大得多。他是一代传人，幕僚和弟子极众，真是登高一呼，群山四应。这样延长了桐城派的寿命几十年。

但“古文不宜说理”，从韩愈就如此。曾国藩的力量究竟也没有能够补救这个缺陷于一千年之后。而海通以来，世变日亟，事理的繁复，有些决非古文所能表现。因此聪明才智之士渐渐打破古文的格律，放手作去。到了清末，梁启超先生的“新文体”可算登峰造极。他的文“时杂以俚语、韵语及外国语法，纵笔所至不检束，学者竟效之”。而“条理明晰，笔锋常带情感，对于读者，别有一种魔力”。但这种“魔力”也不能持久，中国的变化实在太快，这种“新文体”又不够用了。胡适之先生和他的朋友们这才起来提倡白话文，经过五四运动，白话文是畅行了。这似乎又回到古代言文合一的路，然而不然，这时代是第二回翻译的大时代，白话文不但不全跟着国语的口语走，也不全跟着传统的白话走，却有意地跟着翻译的白话走。这是白话文的现代化，也就是国语的现代化。中国一切都在现代化的过程中，语言的现代化也是自然的趋势，并不足怪的。

《唐诗三百首》指导大概

有些人在生病的时候或烦恼的时候，拿过一本诗来翻读，偶尔也朗吟几首，便会觉得心上平静些，轻松些。这是一种消遣，但跟玩骨牌或纸牌等等不同，那些大概只是碰碰运气。跟读笔记一类书也不同，那些书可以给人新的知识和趣味，但不直接调平情感。读小说在这些时候大概只注意在故事上，直接调平情感的效用也不如诗。诗是抒情的，直接诉诸情感，又是节奏的，同时直接诉诸感觉，又是最经济的，语短而意长。具备这些条件，读了心上容易平静轻松，也是当然。自来说，诗可以陶冶性情，这句话不错。

但是诗决不只是一种消遣，正如笔记一类书和小说等不是的一样。诗调平情感，也就是节制情感。诗里的喜怒哀乐跟实生活里的喜怒哀乐不同。这是经过“再团再炼再调和”的。诗人正在喜怒哀乐的时候，决想不到作诗。必得等到他的情感平静了，他才会吟味那平静了的情感想到作诗；于是乎运思造句，作成他的诗，这才可以供欣赏。要不然，大笑狂号只教人心紧，有什么可欣赏的呢？读诗所欣赏的便是诗里所表现的那些平静了的情感。假如是好诗，说的即使怎样可气可哀，我们还是不厌百回读的。在实生活里便不然，可气可哀的事我们大概不愿重提。这似乎是有私、无私或有我、无我的分别，诗里无我，实生活里有我。别的文学类型也都有这种情形，不过诗里更容易见出。读诗的人直接吟味那无我的情感，欣赏它的发而中节，自己也得到平静，而且也会渐渐知道节制自己的情感。一方面因为诗里的情感是无我的，欣赏起来得设身处地，替人着想。这也可以影响到性情上去。节制自己和替人着想这两种影响都可以说是人在模仿诗。诗可以陶冶性情，便是这个意思。所谓温柔敦厚的诗教，也只该是这个意思。

部定初中国文课程标准“目标”里有“养成欣赏文艺之兴趣”一项，略读教材里有“有注释之诗歌选本”一项。高中国文课程标准“目标”里又有“培养学生欣赏中国文学名著之能力”一项，关于略读教材也有“选读整部或选本之名著”的话。欣赏文艺，欣赏中国文学名著，都不能忽略读诗。读诗家专集不如读诗歌选本。读选本虽只能“尝鼎一脔”，却能将各家各派鸟瞰一番；这在中学生是最适宜的，也最需要的。有特殊的选本，有一般的选本。按着特殊的作派选的是前者，按着一般的品味选的是后者。中学生不用说该读后者。《唐诗三百首》正是一般的选本。这部诗选很著名，流行最广，从前是家弦户诵的书，现在也还是相当普遍的书。但这部选本并不成为古典；它跟《古文观止》一样，只是当时的童蒙书，等于现在的小学用书。不过在现在的教育制度下，这部书给高中学生读才合式。无论它从前的地位如何，现在它却是高中学生最合式的一部诗歌选本。唐代是诗的时代，许多大诗家都在这时代出现，各种诗体也都在这时代发展。这部书选在清代中叶，入选的差不多都是经过一千多年淘汰的名作，差不多都是历代公认的好诗。虽然以明白易解为主，并限定诗篇的数目，规模不免狭窄些，却因此成为道地的一般的选本，高中学生读这部书，靠着注释的帮忙，可以吟味欣赏，收到陶冶性情的益处。

本书是清乾隆间一位别号“蘅塘退士”的人编选的。卷头有《题辞》，末尾记着“时乾隆癸未年春日，蘅塘退士题”。乾隆癸未是西元一七六三年，到现在快一百八十年了。有一种刻本“题”字下押了一方印章，是“孙洙”两字，也许是选者的姓名。孙洙的事迹，因为眼前书少，还不能考出、印证。这件事只好暂时存疑。《题辞》说明编选的旨趣，很简短，抄在这里：

世俗儿童就学，即授《千家诗》，取其易于成诵，故流传不废。但其诗随手掇拾，工拙莫辨。且止七言律绝二体，而唐宋人又杂出其间，殊乖体制。因专就唐诗中脍炙人口之作择其尤要者，每体得数十首，共三百余首，录成一编，为家塾课本。俾童而习之，白首亦莫能废。较《千家诗》不远胜耶？谚云，“熟读唐诗三百首，不会吟诗也会吟”，请以是编验之。

这里可见本书是断代的选本，所选的只是“唐诗中脍炙人口之作”，就是唐诗中的名作。而又只是“择其尤要者”，所以只有三百余首，实数是三百一十首。所谓“尤要者”大概着眼在陶冶性情上。至于以明白易解的为主，是“家塾课本”的当然，无须特别提及。本书是分体编的，所以说“每体得数十首”。引谚语一方面说明为什么只选三百余首。但编者显然同时在模仿“三百篇”，《诗经》三百零五篇，连那有目无诗的六篇算上，共三百一十一篇；本书三百一十首，决不是偶然巧合。编者是怕人笑他僭妄，所以不将这番意思说出。引谚语另一方面叫人熟读，学会吟诗。我们现在也劝高中学生熟读，熟读才真是吟味，才能欣赏到精微处。但现在却无须再学作旧体诗了。

本书流传既广，版本极多。原书有注释和评点，该是出于编者之手。注释只注事，颇简当，但不释义。读诗首先得了解诗句的文义；不能了解文义，欣赏根本说不上。书中各诗虽然比较明白易懂，又有一些注，但在初学还不免困难。书中的评，在诗的行旁，多半指点作法，说明作意，偶尔也品评工拙。点只有句圈和连圈，没有读点和密点——密点和连圈都表示好句和关键句，并用的时候，圈的比点的更重要或更好。评点大约起于南宋，向来认为有伤雅道，因为妨碍读者欣赏的自由，而且免不了成见或偏见。但是谨慎的评点对于初学也未尝没有用处。这种评点可以帮助初学了解诗中各句的意旨并培养他们欣赏的能力。本书的评点似乎就有这样的效用。

但是最需要的还是详细的注释。道光间，浙江省建德县（?）人章燮鉴于这个需要，便给本书作注，成《唐诗三百首注疏》一书。他的自跋作于道光甲午，就是公元一八三四年，离蘅塘退士题辞的那年是七十一年。这注本也是“为家塾子弟起见”，很详细。有诗人小传，有事注，有意疏，并明作法，引评语；其中李白诗用王琦《李太白集注》，杜甫诗用仇兆鳌《杜诗详注》。原书的旁评也留着，但连圈没有——原刻本并句圈也没有。书中还增补了一些诗，却没有增选诗家。以注书的体例而论，这部书可以说是驳杂不纯，而且不免繁琐疏漏附会等毛病。书中有“子墨客卿”（名翰，姓不详）的校正语十来条，都确切可信。但在初学，这却是一部有益的书。这部书我只见过两种刻本。一种是原刻本。另一种是坊刻本，四川常见。这种刻本有句圈，书眉增录各家评语，并附道光丁酉（公元一八三七）印行的江苏金坛于庆元的《续选唐诗三百首》。读《唐诗三百首》用这个本子最好。此外还有商务印书馆铅印本《唐诗三百首》，根据蘅塘退士的原本而未印评语。又，世界书局石印《新体广注唐诗三百首读本》，每诗后有“注释”和“作法”两项。“注释”注事比原书详细些；兼释字义，却间有误处。“作法”兼说明作意，还得要领。卷首有“学诗浅说”，大致简明可看。书中只绝句有连圈，别体只有句圈；绝句连圈处也跟原书不同，似乎是抄印时随手加上，不足凭信。

本书编配各体诗，计五言古诗三十三首、乐府七首，七言古诗二十八首、乐府十四首，五言律诗八十首，七言律诗五十首、乐府一首，五言绝句二十九首、乐府八首，七言绝句五十一首、乐府九首，共三百一十首。五言古诗和乐府，七言古诗和乐府，两项总数差不多。五言律诗的数目超出七言律诗和乐府很多；七言绝句和乐府却又超出五言绝句和乐府很多。这不是编者的偏好，是反映着唐代各体诗发展的情形。五言律诗和七言绝句作的多，可选的也就多。这一层下文还要讨论。五、七、古、律、绝的分别都在形式，乐府是题材和作风不同。乐府也等下文再论，先说五七古律绝的形式。这些又大别为两类：古体诗和近体诗。五七言古诗属于前者，五七言律绝属于后者。所谓形式，包括字数和声调（即节奏），律诗再加对偶一项。五言古诗全篇五言句，七言古诗或全篇七言句，或在七言句当中夹着一些长短句。如李白《庐山谣》开端道：

我本楚狂人，凤歌笑孔丘。
手持绿玉杖，朝别黄鹤楼。
五岳寻仙不辞远，一生好入名山游。

又如他的《宣州谢朓楼饯别校书叔云》开端道：

弃我去者昨日之日不可留，乱我心者今日之日多烦忧。
长风万里送秋雁，对此可以酣高楼。

这些都是七言古诗。五七古全篇没有一定的句数。古近体诗都得用韵，通常两句一韵，押在双句末字；有时也可以一句一韵，开端时便多如此。上面引的第一例里“丘”“楼”“游”是韵，两句间见；第二例里“留”和“忧”是逐句韵，“忧”和“楼”是隔句韵。古体诗的声调比较近乎语言之自然，七言更其如此，只以读来顺口听来顺耳为标准。但顺口顺耳跟着训练的不同而有等差，并不是一致的。

近体诗的声调却有一定的规律；五七言绝句还可以用古体诗的声调，律诗老得跟着规律走。规律的基础在字调的平仄，字调就是平上去入四声，上去入都是仄声。五七言律诗基本的平仄式之一如次：

五　律

仄仄平平仄　平平仄仄平
平平平仄仄　仄仄仄平平
仄仄平平仄　平平仄仄平
平平平仄仄　仄仄仄平平

七　律

平平仄仄仄平平　仄仄平平仄仄平
仄仄平平平仄仄　平平仄仄仄平平

平平仄仄平平仄　仄仄平平仄仄平

仄仄平平平仄仄　平平仄仄仄平平

即使不懂平仄的人也能看出律诗是两组重复、均齐的节奏所构成，每组里又自有对称、重复、变化的地方。节奏本是异中有同，同中有异，律诗的平仄式也不外这个理。即使不懂平仄的人只默诵或朗吟这两个平仄式，也会觉得顺口顺耳；但这种顺口顺耳是音乐性的，跟古体诗不同，正和语言跟音乐不同一样。律诗既有平仄式，就只能有八句，五律是四十字，七律是五十六字——排律不限句数，但本书里没有。绝句的平仄式照律诗减半——七绝照七律的前四句——，就是只有一组的节奏。这里所举的平仄式只是最基本的，其中有种种重复的变化。懂得平仄的自然渐渐便会明白。不懂平仄的，只要多读，熟读，多朗吟，也能欣赏那些声调变化的好处，恰像听戏多的人不懂板眼也能分别唱的好坏，不过不大精确就是了。四声中国人人语言中有，但要辨别某字是某声，却得受过训练才成。从前的训练是对对子跟读四声表，都在幼小的时候。现在高中学生不能辨别四声也就是不懂平仄的，大概有十之八九。他们若愿意懂，不妨试读四声表。这只消从《康熙字典》卷首附载的《等韵切音指南》里选些容易读的四声如“巴把霸捌”“庚梗更格”之类，得闲就练习，也许不难一旦豁然贯通。（中华书局出版的《学诗入门》里有一个四声表，似乎还容易读出，也可用。）律诗还有一项规律，就是中四句得两两对偶，这层也在下文论。

初学人读诗，往往给典故难住。他们一回两回不懂，便望而生畏，因畏而懒；这会断了他们到诗去的路。所以需要注释。但典故多半只是历史的比喻和神仙的比喻；用典故跟用比喻往往是一个理，并无深奥可畏之处。不过比喻多取材于眼前的事物，容易了解些罢了。广义的比喻连典故在内，是诗的主要的生命素；诗的含蓄，诗的多义，诗的暗示力，主要的建筑在广义的比喻上。那些取材于经验和常识的比喻——一般所谓比喻只指这些——，可以称为事物的比喻，跟历史的比喻，神仙的比喻是鼎足而三。这些比喻（广义，后同）都有三个成分：一、喻依，二、喻体，三、意旨。喻依是作比喻的材料，喻体是被比喻的材料，意旨是比喻的用意所在。先从事物的比喻说起。如“天边树若荠”（五古，孟浩然，《秋登兰山寄张五》），荠是喻依，天边树是喻体，登山望远树，只如荠菜一般，足见树的小和山的高，是意旨。意旨却没有说出。又，“今朝此为别，何处还相遇？世事波上舟，沿洄安得住！”（五古，韦应物，《初发扬子寄元大校书》）世事是喻体，沿洄不得住的波上舟是喻依，惜别难留是意旨——也没有明白说出。又，“吴姬压酒劝客尝”（七古，李白，《金陵酒肆留别》），当垆是喻体，压酒是喻依，压酒的“压”和所谓“压装”的“压”用法一样，压酒是使酒的分量加重，更值得“尽觞”（原诗，“欲行不行各尽觞”）。吴姬当垆，助客酒兴是意旨。这里只说出喻依。又，“辞严义密读难晓，字体不类隶与蝌。年深岂免有缺画？快剑斫断生蛟鼍。鸾翔凤翥众仙下，珊瑚碧树交枝柯。金绳铁索锁纽壮，古鼎跃水龙腾梭”（七古，韩愈，《石鼓歌》）。“快剑”以下五句都是描写石鼓的字体的。这又分两层。第一，专描写残缺的字。缺画是喻体，“快剑”句是喻依，缺画依然劲挺有生气是意旨。第二，描写字体的一般。字体便是喻体，“鸾翔”以下四句是五个喻依——“古鼎跃水”跟“龙腾梭”各是一个喻依。意旨依次是隽逸，典丽，坚壮，挺拔——末两个喻依只一个意旨——，都指字体而言，却都未说出。又，“大弦嘈嘈如急雨，小弦切切如私语；嘈嘈切切错杂弹，大珠小珠落玉盘。间关莺语花底滑，幽咽泉流冰下难”（原作“水下滩”，依段玉裁说改——七古，白居易，《琵琶行》）。这几句都描写琵琶的声音。大弦嘈嘈跟小弦切切各是喻体，急雨跟私语各是喻依，意旨一个是高而急，一个是低而急。“嘈嘈”句又是喻体，“大珠”句是喻依，圆润是意旨。“间关”二句各是一个喻依，喻体是琵琶的声音；前者的意旨是明滑，后者是幽涩。头两句的意旨未说出，这一层喻体跟意旨都未说出。事物的的比喻虽然取材于经验和常识，却得新鲜，才能增强情感的力量；这需要创造的工夫。新鲜还得入情入理，才能让读者消化；这需要雅正的品味。

有时全诗是一套事物的比喻，或者一套事物的比喻渗透在全诗里。前者如朱庆余《近试上张水部》：

洞房昨夜停红烛，待晓堂前拜舅姑。
妆罢低声问夫婿，"画眉深浅入时无?"（七绝）

唐代士子应试，先将所作的诗文呈给在朝的知名人看。若得他赞许宣扬，登科便不难。宋人诗话里说，"庆余遇水部郎中张籍，因素庆余新旧篇什，寄之怀袖而推赞之，遂登科"。这首诗大概就是呈献诗文时作的。全诗是新嫁娘的话，她在拜舅姑以前问夫婿，画眉深浅合适否？这是喻依。喻体是近试献诗文给人，朱庆余是在应试以前问张籍，所作诗文合适否？新嫁娘问画眉深浅，为的请夫婿指点，好让舅姑看得入眼。朱庆余问诗文合适与否？为的请张籍指点，好让考官看得入眼。这是全诗的主旨。又，骆宾王《在狱咏蝉》：

西陆蝉声唱，南冠客思深。
不堪玄鬓影，来对白头吟。
露重飞难进，风多响易沉。
无人信高洁，谁为表予心！（五律）

这是闻蝉声而感身世。蝉的头是黑的，是喻体，玄鬓影是喻依，意旨是少年时不堪回首。"露重"一联是蝉，是喻依，喻体是自己，身微言轻是意旨。诗有长序，序尾道："庶情沿物应，哀弱羽之飘零，道寄人知，悯余声之寂寞。"正指出这层意旨。"高洁"是蝉，也是人，是自己；这个词是双关的，多义的。又，杜甫《古柏行》（七古）咏夔州武侯庙和成都武侯祠的古柏，作意从"君臣已与时际会，树木犹为人爱惜"二语见出。篇末道：

大厦如倾要梁栋，万牛回首丘山重。

不露文章世已惊，未辞剪伐谁能送？
苦心岂免容蝼蚁？香叶终经宿鸾凤。
志士幽人莫怨嗟，古来材大难为用。

大厦倾和梁栋虽已成为典故，但原是事物的比喻。两者都是喻依。前者的喻体是国家乱；大厦倾会压死人，国家乱人民受难，这是意旨。后者的喻体是大臣，梁栋支柱大厦，大臣支持国家，这是意旨。古柏是栋梁材，虽然“不露文章世已惊”，也乐意供世用，但是太重了，太大了，谁能送去供用呢？无从供用，渐渐心空了，蚂蚁爬进去了；但是“香叶终经宿鸾凤”，它的身分还是高的。这是喻依。喻体是怀才不遇的志士幽人。志士幽人本有用世之心，但是才太大了，无人真知灼见，推荐入朝。于是贫贱衰老，为世人所揶揄，但是他们的身份还是高的。这是材大难为用，是意旨。

典故只是故事的意思。这所谓故事包罗的却很广大。经史子集等等可以说都是的；不过诗文里引用，总以常见的和易知的为主。典故有一部分原是事物的比喻，有一部分是事迹，另一部分是成辞。上文说典故是历史的比喻和神仙的比喻，是专从诗文的一般读者着眼，他们觉得诗文里引用史事和神话或神仙故事的地方最困难。这两类比喻都应该包括着那三部分。如前节所引《古柏行》里的“大厦如倾要梁栋”，“大厦之倾，非一木所支”，见《文中子》；“栝柏豫章虽小，已有栋梁之器”，是袁粲叹美王俭的话，见《晋书》。大厦倾和梁栋都是历史的比喻，同时可还是事物的比喻。又，“乾坤日夜浮”（五律，杜甫，《登岳阳楼》）是用《水经注》。《水经注》道：“洞庭湖广五百里，日月若出没其中。”乾坤是喻体，日夜浮是喻依。天地中间好像只有此湖；湖盖地，天盖湖，天地好像只是日夜飘浮在湖里。洞庭湖的广大是意旨。又，“古调虽自爱，今人多不弹”（五绝，刘长卿，《弹琴》），用魏文侯听古乐就要睡觉的话，见《礼记》。两句是喻依，世人不好古是喻体，自己不合时宜是意旨。这三例不必知道出处便能明白；但知道出处，句便多义，诗味更厚些。

引用事迹和成辞不然，得知道出处，才能了解正确。如“圣代无隐者，英灵尽来归。遂令东山客，不得顾采薇。”（五古，王维，《送綦毋潜落第还乡》）谢安曾隐居会稽东山。东山客是喻依，喻体是綦毋潜，意旨是大才隐处。采薇是伯夷、叔齐的故事，他们义不食周粟，隐于首阳山，采薇而食。采薇是喻依，隐居是喻体，自甘淡泊是意旨。又，“客心洗流水”（五律，李白，《听蜀僧濬弹琴》），流水用俞伯牙、钟子期的故事，俞伯牙弹琴，志在流水。钟子期就听出了，道：“洋洋乎，若江河！”诗句是倒装，原是说流水洗客心。流水是喻依，喻体是蜀僧濬的琴曲，意旨是曲调高妙。洗流水又是双关的，多义的。洗是喻依，净是喻体，高妙的琴曲涤净客心的俗虑是意旨。洗流水又是喻依，喻体是客心；听琴而客心清净，象流水洗过一般，是意旨。又，钱起《送僧归日本》（五律）道：“……浮天沧海远，去世法舟轻。……惟怜一灯影，万里眼中明。”一灯影用《维摩经》。经里道：“有法门，名无尽灯。譬如一灯燃百千灯，冥者皆明，明终不尽。夫一菩萨开导千百众生，令发阿耨多罗三藐三菩提心（译言“无上正等正觉心”），其于道意亦不灭尽。是名无尽灯。”这儿一灯是喻依，喻体是觉者；一灯燃千百灯，一觉者造成千百觉者，道意不灭是意旨。但在诗句里，一灯影却指舟中禅灯的光影，是喻依，喻体是那日本僧，意旨是他回国传法，辗转无尽。——“惟怜”是“最爱”的意思。又，“后来鞍马何逡巡，当轩下马入锦茵。杨花雪落覆白苹，青鸟飞去衔红巾。炙手可热势绝伦，慎莫近前丞相嗔！”（七言乐府，杜甫，《丽人行》）全诗咏三月三日长安水边游乐的情形，以杨国忠兄妹为主。诗中上文说到虢国夫人和秦国夫人，这几句说到杨国忠——他那时是丞相。“杨花”二语正是暮春水边的景物。但是全诗里只在这儿插入两句景语，奇特的安排暗示别有用意。北魏胡太后私通杨华作《杨白花歌辞》，有“杨花飘荡落南家”，“愿衔杨花入窠里”等语。白苹，旧说是杨花入水所化。杨国忠也和虢国夫人私通。“杨花”句一方面是个喻依，喻体便是这件事实。杨国忠兄妹相通，都是杨家人，所以用杨花覆白苹为喻，暗示讥刺的意旨。青鸟是西王母传书带信的侍者。当时总该有些侍婢是给那兄妹二人居间。“青鸟”句一方面也是喻依，喻体便是这些居间的侍婢，意旨还是讥刺杨国忠不知耻。青鸟是神仙的比喻。这两句隐约其辞，虽志在讥刺，而言之者无罪。又杜甫《登楼》（七律）：

> 花近高楼伤客心，万方多难此登临。
> 锦江春色来天地，玉垒浮云变古今。
> 北极朝廷终不改，西山寇盗莫相侵。
> 可怜后主还祠庙，日暮聊为《梁父吟》。

旧注说本诗是代宗广德二年在成都作。元年冬，吐蕃陷京师，郭子仪收复京师，请代宗反正。所以有“北极”二句。本篇组织用赋体，以四方为骨干。锦江在东，玉垒山在西，“北极”二句是北眺所思。当时后主附祀先主庙中，先主庙在成都城南。“可怜”二句正是南瞻所感（罗庸先生说，见《国文月刊》九期）。可怜后主还有祠庙，受祭享；他信任宦官，终于亡国，辜负了诸葛亮出山一番。《三国志》里说“亮躬耕陇亩，好为《梁父吟》”，《梁父吟》的原辞不传（流传的《梁父吟》决不是诸葛亮的《梁父吟》），大概慨叹小人当道。这二语一方面又是喻依，喻体是代宗和郭子仪；代宗也信任宦官，杜甫希望他“亲贤臣，远小人”（诸葛亮《出师表》中语），这是意旨。“日暮”句又是一喻依，喻体是杜甫自己；想用世是意旨。又，“今朝郡斋冷，忽念山中客。涧底束荆薪，归来煮白石”（五古，韦应物，《寄全椒山中道士》）。煮白石用鲍靓事。《晋书》：“靓学兼内外，明天文河洛书。尝入海，遇风。饥甚，取白石煮食之。”煮白石是喻依，喻体是那山中道士，他的清苦生涯是意旨。这也是神仙的比喻。又，“总为浮云能蔽日，长安不见使人愁”（七律，李白，《登金陵凤凰台》），两句一贯，思君的意思似甚明白。但乐府《古杨柳行》道，“谗邪害公正，浮云蔽白日”，古诗也道，“浮云蔽白日，游子不顾反”，本诗显然在引用成辞。陆贾《新语》说：“邪臣之蔽贤，犹浮云之障日月。”本诗的“浮云能蔽日”一方面也是喻依，喻体大概是杨国忠等遮塞贤路。意旨是邪臣蔽君误国；所以有“长安”句。历史的比喻和神仙的比喻引用故事，得增减变化，才能新鲜入目。宋人所谓“以旧为新”，便是这意思。所引各例可见。

典故渗透全诗的，如孟浩然《临洞庭上张丞相》（五律）：

八月湖水平，涵虚混太清。
气蒸云梦泽，波撼岳阳城。
欲济无舟楫，端居耻圣明。
坐观垂钓者，徒有羡鱼情。

张丞相是张九龄，那时在荆州。前四语描写洞庭湖，三四是名句。后四语蝉联而下，还是就湖说，只“端居”句露出本意，这一语便是《论语》“邦有道，贫且贱焉，耻也”的意思。“欲济”句一方面说想渡湖上荆州去，却没有船，一方面是一喻依。伪《古文尚书·说命》殷高宗命傅说道，若济巨川，“用汝作舟楫”。本诗用这喻依，喻体却是欲用世而无引进的人，意旨是希望张丞相援手。“坐观”二语是一喻依。《汉书》用古人言，“临渊羡鱼，不如退而结网”。本诗里网变为钓。这一联的喻体是羡人出仕而得行道。自己无钓具，只好羡人家钓得的鱼，自己不得仕，只好羡人家行道。意旨同上。

全诗用典故最多的，本书中推杜甫《寄韩谏议注》一首（七古）：

今我不乐思岳阳，身欲奋飞病在床。
美人娟娟隔秋水，濯足洞庭望八荒。
鸿飞冥冥日月白，青枫叶赤天雨霜。

玉京群帝集北斗，或骑麒麟翳凤凰。
芙蓉旌旗烟雾落，影动倒景摇潇湘。
星宫之君醉琼浆，羽人稀少不在旁。
似闻昨者赤松子，恐是汉代韩张良。

昔随刘氏定长安，帷幄未改神惨伤。

国家成败吾岂敢，色难腥腐餐枫香。

周南留滞古所惜，南极老人应寿昌。

美人胡为隔秋水！焉得置之贡玉堂！

韩谏议的名字、事迹无考。从诗里看，他是楚人，住在岳阳。肃宗平定安史之乱，收复东西京，他大约也是参与机密的一人。后来去官归隐，修道学仙。这首诗是爱惜他，思念他。第一节说思念他，是秋日，自己是在病中。美人这喻依见《楚辞》，但在这儿是喻体，是韩谏议，意旨是他的才能出众。“鸿飞冥冥，弋人何篡焉！”见扬雄《法言》。这儿一方面描写秋天的实景，一方面是喻依；喻体还是韩谏议，意旨是他已逃出世网。第二节说京师贵官声势煊赫，而韩谏议不在朝。本节差不多全是神仙的比喻，各有来历。“玉京”句一喻依，喻体是集于君侧的朝廷贵官，意旨是他们承君命掌大权。“或骑”二语一套喻依——“烟雾落”就是落在烟雾中，喻体同上句，意旨是他们的骑从仪卫之盛。影是芙蓉旌旗的影。“影动”句一喻依，喻体是声势煊赫，从京师传遍天下；意旨是在潇湘的韩谏议也必闻知这种声势。星宫之君就是玉京群帝，醉琼浆的喻体是宴饮，意旨是征逐酒食。羽人是飞仙，羽人稀少就是稀少的羽人；全句一喻依，喻体是一些远隐的臣僚不在这繁华场中，意旨是韩谏议没有分享到这种声势。第三节说韩谏议曾参与定乱收京大计，如今却不问国事，修道学仙。全节是神仙的比喻夹着历史的比喻。昨者是从前的意思。如今的赤松子，昨者“恐是汉代韩张良”。韩张良的跟赤松子的喻体都是韩谏议，前者的意旨是他有谋略，后者的意旨是他修道学仙。别的喻依可以准此类推下去。第四节说他闲居不出很可惜，祝他老寿，希望朝廷再起用他来匡君济世。太史公司马谈因病留滞周南，不得参与汉武帝的封禅大典，引为平生恨事。诗中“周南留滞”是喻依，喻体是韩谏议，意旨是他闲居乡里。南极老人就是寿星，是喻依，喻体同，意旨便是“应寿昌”。以上只阐明大端，细节从略。

诗和文的分别，一部分是在词句篇段的组织上，诗的组织比文的组织要经济些。引用比喻或典故，一个原因便是求得经济的组织。在旧体诗里，有字数声调对偶等制限，有时更不得不铸造一些特别经济的组织来适应。这种特殊的组织在文里往往没有，至少不常见。初学遇到这种地方也感困难，或误解，或竟不懂。这得去看看详细的注释。但读诗多了，常常比较着看，也可明白。这种特殊的组织也常利用比喻或典故组成，那便更复杂些。如刘长卿《送李中丞归汉阳别业》（五律）：

流落征南将，曾驱十万师。
罢归无旧业，老去恋明时。
独立三边静，轻生一剑知。
茫茫江汉上，日暮欲何知！

“轻生一剑知”就是一剑知轻生的意思；轻生是说李中丞作征南将时不顾性命杀敌人。一剑知就是自己知；剑是杀敌所用，是自己的一部分，部分代全体是修辞格之一。自己知又有两层用意：一是问心无愧，忠可报君，二是只有自己知，别人不知。上下文都可印证。又，“即此羡闲逸，怅然吟式微”（五古，王维，《渭川田家》），式微用《诗经》。《式微》篇道：“式微，式微，胡不归！”本诗的《式微》是篇名，指的是这篇诗。吟《式微》，只是取“胡不归”那一语，用意是“何不归田呢”。又，“惟将迟暮供多病，未有涓埃答圣朝”（七律，杜甫，《野望》），“恐美人之迟暮”见《楚辞》，迟暮是老大无成的意思。“惟将”句是说自己已老大，不曾有所建树报答圣朝，加上迟暮的年光又都消磨在多病里，虽然“海内风尘”（见本诗第三句），却丝毫的力量也不能尽。“供”是喻依，杜甫自己是喻体，消磨在里面是意旨。这三例都是用辞格（也是一种比喻）或典故组成的。又如李颀《送陈章甫》（七古）末尾道，“闻道故林相识多，罢官昨日今如何！”昨日罢官，想到就要别了许多朋友归里，自然不免一番寂寞；但是“闻道故林相识多”，今日临行，想到就要会见着那些故林相识的朋友，又觉如何呢？——该不会寂寞了吧？昨今对照，用意是安慰。——昨日是日前的意思。又刘长卿《寻南溪常道士》：

一路经行处，莓苔见屐痕。
白云依静渚，芳草闭闲门。
过雨看松色，随山到水源。
溪花与禅意，相对亦忘言。

去寻常道士，他不在寓处；“随山到水源”才寻着。对着南溪边的花和常道士的禅意，却不觉忘言。相对是和“溪花与禅意”相对着。禅意给人妙悟，溪花也给人妙悟——禅家有拈花微笑的故事，那正是妙悟的故事——，所以说“与”。妙悟是忘言的。寻着了常道士，却被溪花与禅意吸引住！只顾欣赏那无言之美，不想多交谈，所以说“亦”忘言。又，韦应物《送杨氏女》（五古），是送女儿出嫁杨家，前面道：“女子今有行，大江溯轻舟，尔辈苦无恃，抚念益慈柔，幼为长所育，两别泣不休。”篇尾道：“归来视幼女，零泪缘缨流。”全诗不曾说杨氏女是长女，但读了这几句关系自然明白。

倒装这特殊的组织，诗里也常见。如“竹喧归浣女，莲动下渔舟”（五律，王维，《山居秋暝》），“归浣女”“下渔舟”就是浣女归，渔舟下。又，“家书到隔年”（五律，杜牧，《旅宿》）就是家书隔年到。又，“东门酤酒饮我曹”（七古，李颀，《送陈章甫》），“饮我曹”就是我曹饮，从上下文可知。又，“名岂文章著，官应老病休”（五律，杜甫，《旅夜书怀》），就是文章岂著名，老病应休官。又，“幽映每白日”（五律，刘昚虚，《阙题》），就是白日每幽映。又，“徒劳恨费声”（五律，李商隐，《蝉》），就是费声恨徒劳。又，“竹怜新雨后，山爱夕阳时”（五律，钱起，《谷口书斋寄杨补阙》）就是怜新雨后之竹，爱夕阳时之山——怜爱之意。又，“独夜忆秦关，听钟未眠客”（五古，韦应物，《夕次盱眙县》）就是听钟未眠客，独夜忆秦关。这些倒装句里纯然为了适应字数、声调、对偶等制限的却没有，它们主要的作用还在增强语气。

此外如“何因不归去，淮上对秋山？”（五律，韦应物，《淮上喜会梁州故人》）这是诘问自己，“何因”直贯下句，二语合为一句。这也为了经济的缘故。——至如“少陵无人谪仙死”（七古，韩愈，《石鼓歌》），“无人”也就是“死”。这是求新，求惊人。又，“百年多是几多时”（七律，元稹，《遣悲怀》之三），是说百年虽多，究竟又有多少时候呢？这也许是当时口语的调子。又如“云中君不见”（五律，马戴，《楚江怀古》），云中君是一个词，这句诗上三字下二字，跟一般五言句上二下三的不同，但似乎只是个无意为之的例外，跟古诗里“出郭门直视”一般。可是如“永夜角声悲自语，中天月色好谁看”（七律，杜甫，《宿府》），“五更鼓角声悲壮，三峡星河影动摇”（七律，杜甫，《阁夜》），都是上五下二，跟一般七言句上四下三或上二下五的不同；又，“近寒食雨草萋萋，著麦苗风柳映堤”（七绝，无名氏，《杂诗》），每句上四字作一二一，而一般作二二或三一。这些却是有意变调求新了。

本书选诗，各方面的题材大致都有，分配又匀称，没有单调或琐屑的弊病。这也是唐代生活小小的一个缩影。可是题材的内容虽反映着时代，题材的项目却多是汉魏六朝诗里所已有。只有音乐图画似乎是新的。赋里有以音乐为题材的，但晋以来就少。唐代音乐图画特别发达，反映到诗里，便增加了题材的项目。这也是时势使然。在各种题材里，“出处”是一重大的项目。从前读书人唯一的出路是出仕，出仕为了行道，自然也为了衣食。出仕以前的隐居、干谒、应试（落第）等，出仕以后的恩遇、迁谪，乃至忧民、忧国，思林栖、思归田等，乃至真个辞官归田，都是常见的诗的题目，本书便可作例。仕君行道是儒家的思想，隐居和归田都是道家的思想。儒道两家的思想合成了从前的读书人。现在时势变了，读书人不一定出仕，林栖、归田等思想也绝无仅有。有些人读这些诗，也许会觉得不真切，青年学生读书，往往只凭自己的狭隘的兴趣，更容易有此感。但是会读诗的人，多读诗的人能够设身处地，替古人着想，依然觉得这些诗真切。这是情感的真切，不是知识的真切。这些人不但对于现在有情感，对于过去也有情感。他们知道唐人的需要，唐人的得失，和现代人不一样，可是在读唐诗的时候，只让那对于过去的情感领着走；这种无私、无我、无关心的同情教他们觉到这些诗的真切。这种无关心的情感需要慢慢调整自己，扩大自己，才能养成。多读史，多读诗，是一条修养的途径，就是那些比较有普遍性的题材，如相思、离别、慈幼、慕亲、友爱等，也还是需要无关心的情感。这些题材的节目多少也跟着时代改变一些，固执"知识的真切"的人读古代的这些诗，有时也不能感到兴趣。

至于咏古之作，如唐玄宗《经鲁祭孔子而叹之》（五律），是古人敬慕古人，纪时之作；如李商隐《韩碑》（七古），是古人论当时事。虽然我们也敬慕孔子，替韩愈抱屈，但知识的看，古人总隔一层。这些题材的普遍性比前一类低减些，不过还在"出处"那项目之上。还有，朝会诗，如岑参、王维《和贾至舍人早朝大明宫之作》（七律），见出一番堂皇富丽的气象；又，宫词，往往见出一番怨情，宛转可怜。可是这些题材现代生活里简直没有。最别扭的是边塞和从军之作，唐人很喜欢作这类诗，而悯苦寒讥黩武的居多数，跟现代人冒险尚武的精神恰恰相反。但荒寒的边塞自是一种新境界，从军苦在当时也是一种真情的流露；若能节取，未尝没有是处。要能欣赏这几类诗，那得靠无关心的情感。此外，唐人酬应的诗很多，本书里也可见。有些人觉得作诗该等候感兴，酬应的诗不会真切。但伫兴而作的人向来大概不多；据现在所知，只有孟浩然是如此。作诗都在情感平静了的时候，运思造句都得用到理智；伫兴而作是无所为，酬应而作是有所为，在工力深厚的人其实无多差别。酬应的诗若能恰如分际，也就见得真切。况是这种诗里也不短至情至性之作。总之，读诗得除去偏见和成见，放大眼光，设身处地看去。

明代高棅编选《唐诗品汇》，将唐诗分为四期。后来虽有种种批评，这分期法却渐被一般沿用。初唐是高祖武德元年（公元六一八）至玄宗开元初（公元七一三），约一百年。盛唐是玄宗开元元年至代宗大历初（公元七六六），五十多年。中唐是代宗大历元年至文宗太和九年（公元八三五），七十年。晚唐是文宗开成元年（公元八三六）至昭宗天祐三年（公元九〇六)，七十年。初唐诗还是齐梁的影响，题材多半是艳情和风云月露，讲究声调和对偶。到了沈佺期、宋之问手里，便成立了律诗的体制。这是唐代诗坛一件大事，影响后世最大。当时有个陈子昂，独主张复古，扩大诗的境界。但他死得早，成就不多。盛唐诗李白努力复古，杜甫努力开新。所谓复古，只是体会汉魏的作风和借用乐府诗的题目，并非模拟词句。所以陈子昂、李白都能够创一家，而李白的成就更大。他的成就主要的在七言乐府；绝句也独步一时。杜甫却各体诗都是创作，全然不落古人窠臼。他以时事入诗，议论入诗，使诗散文化，使诗扩大境界；一方面研究律诗的变化，用来表达各种新题材。他的影响的久远，似乎没有一个诗人比得上。这时期作七古体的最多，为的这一体比较自由，又刚在开始发展。而王维、孟浩然专用五律写山水，也能变古成家。中唐诗韦应物、柳宗元的五古以复古的作风创作，各自成家。古文家韩愈继承杜甫，更使诗向散文化的路上走。宋诗受他的影响极大。他的门下作诗，有词句冷涩的，有题材诡僻的；本书里只选了贾岛一首。另一面有些人描写一般的社会生活；这原是乐府精神，却也是杜甫开的风气。元稹、白居易主张诗该写社会生活而有规讽的作意，才是正宗。但他们的成就却不在此而在情景深切，明白如话。他们不避俗，跟韩愈一派恰相对照；可也出于杜甫。晚唐诗刻画景物，雕琢词句，题材又回到风云月露和艳情上，只加了一些雅事。诗境重趋狭窄，但精致过于前人。这时期的精力集中在近体诗。精致的只是词句，全篇组织往往配合不上。就中李商隐、温庭筠虽咏艳情，却有大处奇处，不踽踽在绮靡的圈子里；而李商隐学杜学韩境界更广阔些。学杜、韩而兼受温、李熏染的是杜牧，豪放之余，不失深秀。本书选诗七十七家，初唐不到十家，盛中晚三期各二十多家。入选的诗较多的八家。盛唐四家：杜甫三十六首，王维二十九首，李白二十九首，孟浩然十五首。中唐二家：韦应物十二首，刘长卿十一首。晚唐二家：李商隐二十四首，杜牧十首。

李白诗，书中选五古三首、乐府三首，七古四首、乐府五首，五律五首，七律一首，五绝二首、乐府一首，七绝二首、乐府三首。各体都备，七古和乐府共九首，最多，五七绝和乐府共八首，居次。李白，字太白，蜀人，玄宗时作供奉翰林，触犯了杨贵妃，不能得志。他是个放浪不羁的人，便辞了职，游山水，喝酒，作诗。他的态度是出世的，作诗全任自然。当时称他为“天上谪仙人”，这说明了他的人和他的诗。他的乐府很多，取材很广；他其实是在抒写自己的生活，只借用乐府的旧题目而已。他的七古和乐府篇幅恢张，气势充沛，增进了七古体的价值。他的绝句也奠定了一种新体制。绝句最需要经济的写出，李白所作，自然含蓄，情韵不尽。书中所收《下江陵》一首，有人推为唐代七绝第一。杜甫诗，计五古五首，七古五首、乐府四首，五七律各十首，五七绝各一首。只少五言乐府，别体都有。律诗共二十首，最多；七古和乐府共九首，居次。杜甫，字子美，河南巩县人。安禄山陷长安，肃宗在灵武即位。他从长安逃到灵武，作了左拾遗的官。后因事被放，辗转流落到成都，依故人严武，作到“检校工部员外郎”。世称杜工部。他在蜀住的很久。他是儒家的信徒，一辈子惦着仕君行道；又身经乱离，亲见民间疾苦。他的诗努力描写当时的情形，发抒自己的感想。唐代用诗取士，诗原是应试的玩意儿；诗又是供给乐工歌妓唱来伺候宫廷和贵人的玩意儿。李白用来抒写自己的生活，杜甫用来抒写那个大时代，诗的境界扩大了，地位也增高了。而杜甫抓住了广大的实在的人生，更给诗开辟了新世界。他的诗可以说是写实的；这写实的态度是从乐府来的。他使诗历史化，散文化，正是乐府的影响。七古体到他手里正式成立，律诗到他手里应用自如——他的五律极多，差不多穷尽了这一体的变化。

王维诗，计五古五首，七言乐府三首，五律九首，七律四首，五绝五首，七绝和乐府三首，五律最多。王维，字摩诘，太原人，试进士，第一，官至尚书右丞。世称王右丞。他会草书隶书，会画画。有别墅在辋川，常和裴迪去游览作诗。沈、宋的五律还多写艳情，王维改写山水，选词造句都得自出心裁。从前虽也有山水诗，但体制不同，无从因袭。苏轼说他“诗中有画”。他是苦吟的，宋人笔记里说他曾因苦吟走入醋缸里；他的《渭城曲》（乐府），有人也推为唐代七绝压卷之作。他的诗是精致的。孟浩然诗，计五古三首，七古一首，五律九首，五绝二首，也是五律最多。孟浩然，名浩，以字行，襄州襄阳人，隐居鹿门山，四十岁才游京师。张九龄在荆州，召为僚属。他用五律写江湖，却不苦吟，伫兴而作。他专工五言，五言各体都擅长。山水诗不但描写自然，还欣赏自然；王维的描写比孟浩然多些。

韦应物诗，五古七首，五律二首，七律一首，五七绝各一首，五古多。韦应物，京兆长安人，作滁州刺史，改江州，入京作左司郎中，又出作苏州刺史。世称韦左司或韦苏州。他为人少食寡欲，常焚香扫地而坐。诗淡远如其人。五古学古诗，学陶诗，指事述情，明白易见——有理语也有理趣，正是陶渊明所长。这些是淡处。篇幅多短，句子浑含不刻画，是远处。朱子说他的诗无一字造作，气象近道。他在苏州所作《郡斋雨中与诸文士燕集》诗开端道：“兵卫森画戟，宴寝凝清香；海上风雨至，逍遥池阁凉。”诗话推为一代绝唱，也只是为那肃穆清华的气象。篇中又道，“自渐居处崇，未睹斯民康”，《寄李儋元锡》（七律）也道，“邑有流亡愧俸钱”，这是忧民；识得为政之体，才能有些忠君爱民之言。刘长卿诗，计五律五首，七律三首，五绝三首，五律最多。刘长卿，字文房，河间人，登进士第，官终随州刺史。世称刘随州。他也是苦吟的人，律诗组织最为精密整炼；五律更胜，当时推为“五言长城”。上文曾举过两首作例，可见出他的用心处。

李商隐诗，计七古一首，五律五首，七律十首，五绝一首，七绝七首，七律最多，七绝居次。李商隐，字义山，河内人，登进士第。王茂元镇河阳，召他掌书记，并使他作女婿。王茂元是李德裕同党；李德裕和令狐楚是政敌。李商隐和令狐楚本有交谊，这一来却得罪了他家。后来令狐楚的儿子令狐绹作了宰相，李商隐屡次写信表明心迹，他只是不理。这是李商隐一生的失意事，诗中常常涉及，不过多半隐约其辞。后来柳仲郢镇东蜀，他去作过节度判官。他博学强记，又有隐衷，诗里的典故特别多。他的七律里有好些《无题》诗，一方面象是相思不相见的艳情诗，另一方面又像是比喻，咏叹他和令狐绹的事，寄托那“不遇”的意旨。还有那篇

《锦瑟》，虽有题，解者也纷纷不一。那或许是悼亡诗，或许也是比喻。又有些咏史诗，如《隋宫》，或许不只是咏古，还有刺时的意旨。他的诗语既然是一贯的隐约，读起来便只能凭文义、典故和他的事迹作一些可能的概括的解释。他的七绝里也有这种咏史或游仙诗，如《隋宫》《瑶池》等。这些都是奇情壮采之作——一方面七律的组织也有了进步——，所以入选的多。他的七绝最著名的可是《寄令狐郎中》一首。杜牧诗，五律一首，七绝九首，几乎是专选一体。杜牧，字牧之，登进士第。牛僧孺镇扬州，他在节度府掌书记，又作过司勋员外郎。世称杜司勋，又称小杜——杜甫称老杜。他很有政治的眼光，但朝中无人，终于是个失意者。他的七绝感慨深切，情辞新秀。《泊秦淮》一首也曾被推为压卷之作。

唐以前的诗，可以说大多数是五古，极少是七古；但那些时候并没有体制的分类。那些时候诗的分类，大概只从内容方面看，最显著的一组类别是五言诗和乐府诗。五言诗虽也从乐府转变而出，但从阮籍开始，已经高度的文人化，成为独立的抒情写景的体制。乐府原是民歌，叙述民间故事，描写各社会的生活，有时也说教，东汉以来文人仿作乐府的很多，大都沿用旧题旧调，也是五言的体制。汉末旧调渐亡，文人仿作，便只沿用旧题目；但到后来诗中的话也不尽合于旧题目。这些时候有了七言乐府，不过少极；汉魏六朝间著名的只有曹丕的《燕歌行》，鲍照的《行路难》十八首等。乐府多朴素的铺排，跟五言诗的浑含不露有别。五言诗经过汉魏六朝的演变，作风也分化。阮籍是一期，陶渊明、谢灵运是一期，“宫体”又是一期。阮籍抒情，“志在刺讥而文多隐避”（颜延年、沈约等注《咏怀诗》语），最是浑含不露。陶谢抒情、写景、说理，渐趋详切，题材是田园山水。宫体起于梁简文帝时，以艳情为主，渐讲声调对偶。

初唐五古还是宫体余风，陈子昂、张九龄、李白主张复古，虽标榜“建安”（汉献帝年号，建安体的代表是曹植），实是学阮籍。本书张九龄《感遇》二首便是例子。但盛唐五古，张九龄以外，连李白所作（《古风》除外）在内，可以说都是陶谢的流派。中唐韦应物、柳宗元也如此。陶谢的详切本受乐府的影响。乐府的影响到唐代最为显著。杜甫的五古便多从乐府变化。他第一个变了五古的调子，也是创了五古的新调子。新调子的特色是散文化。但本书所选他的五古还不是新调子，读他的长篇才易见出。这种新调子后来渐渐代替了旧调子。本书里似乎只有元结《贼退示官吏》一首是新调子；可是散文化太过，不是成功之作。至于唐人七古，却全然从乐府变出。这又有两派。一派学鲍照，以慷慨为主；另一派学晋《白纻（舞名）歌辞》（四首，见《乐府诗集》）等，以绮艳为主。李白便是著名学鲍照的；盛唐人似乎已经多是这一派。七言句长，本不像五言句的易加整炼，散文化更方便些。《行路难》里已有散文句。李白诗里又多些，如，“我欲因之梦吴越”（《梦游天姥吟留别》），又如上文举过的“弃我去者”二语。七古体夹长短句原也是散文化的一个方向。初唐陈子昂《登幽州台歌》全首道：“前不见古人，后不见来者。念天地之悠悠，独怆然而涕下。”简直没有七言句，却也可以算入七古里。到了杜甫，更有意的以文为诗，但多七言到底，少用长短句。后来人作七古，多半跟着他走。他不作旧题目的乐府而作了许多叙述时事，描写社会生活的诗。这正是乐府的本来面目。本书据《乐府诗集》将他的《哀江头》《哀王孙》等都放在七言乐府里，便是这个理。从他以后，用乐府旧题作诗的就渐渐的稀少了。另一方面，元稹、白居易创出一种七古新调，全篇都用平仄调协的律句，但押韵随时转换，平仄相间，各句安排也不像七律有一定的规矩。这叫长庆体。长庆是穆宗的年号，也是元白的集名。本书白居易的《长恨歌》《琵琶行》都是的。古体诗的声调本来比较近乎语言之自然，长庆体全用律句，反失自然，只是一种变调。但却便于歌唱。《长恨歌》可以唱，见于记载，可不知道是否全唱。五七古里律句多的本可歌唱，不过似乎只唱四句，跟唱五七绝一样。古体诗虽不像近体诗的整炼，但组织的经济也最著重。这也是它跟散文的一个主要的区别。前举韦应物《送杨氏女》便是一例。又如李白《宣州谢朓楼饯别校书叔云》里道，“蓬莱文章建安骨，中间小谢又清发”，一方面说谢朓（小谢），一方面是比喻。且不说喻旨，只就文义看，“蓬莱”句又有两层比喻，全句的意旨是后汉文章首推建安诗。“中间”句说建安以后“大雅久不作”（见李白《古风》第一首），小谢清发，才重振遗绪；“中间”“又”三个字包括多少朝代，多少诗家，多少诗，多少议论！组织有时也变换些新方式，但得出于自然。如李白《梦游天姥吟留别》（七古）用梦游和梦醒作纲领，韩愈《八月十五夜赠张功曹》用唱歌跟和歌作纲领，将两篇歌辞穿插在里头。

律诗出于齐梁以来的五言诗和乐府。何逊、阴铿、徐陵、庾信等的五言都已讲究声调和对偶。庾信的《乌夜啼》乐府简直像七律一般；不过到了沈宋才成定体罢了。律首声调，前已论及。对偶在中间四句，就是第一组节奏的后两句，第二组节奏的前两句，也是异中有同，同中有异。这样，前四句由散趋整，后四句由整复归于散，增前两组节奏的往复回还的效用。这两组对偶又得自有变化，如一联写景，一联写情，一联写见，一联写闻之类，才不至板滞，才能和上下打成一片。所谓情景或见闻，只是从浅处举例，其实这中间变化很多，很复杂。五律如“地犹鄹氏邑，宅即鲁王宫。叹凤嗟身否，伤麟怨道穷”（唐玄宗，《经鲁祭孔子而叹之》）。四句虽两两平列，可是前一联上句范围大，下句范围小，后一联上句说平时，下句说将死，便见流走。又，“为我一挥手，如听万壑松。客心洗流水，余响入霜钟”（李白，《听蜀僧濬弹琴》）。前联一弹一听，后联一在弹，一已止，各是一串儿。又，“遥怜小儿女，未解忆长安；香雾云鬟湿，清辉玉臂寒”（杜甫，《月夜》）。“遥怜”直贯四句。小儿女“未解忆长安”固然可怜，“香雾”云云的人（杜甫妻）解得忆长安，也许更可怜些。前联只是一句话，后联平列；两相调剂着。律诗多在四句分段，但也不尽然，从这一首可见。又，前面引过的刘长卿《寻南溪常道士》次联“白云依静渚，芳草闭闲门”，似乎平列，用意却侧重寻常道士不遇，侧重在下句。三联“过雨看松色，随山到水源”，上句景物，下句动作，虽然平列而不是一类。再说“过雨”，暗示忽然遇雨，雨住后松色才更苍翠好看；这就兼着叙事，跟单纯写景又不同。

七律如“云边雁断胡天月，陇上羊归塞草烟。回日楼台非甲帐，去时冠剑是丁年”（温庭筠，《苏武庙》）。前联平列，但不是单纯的写景句；这中间引用着《汉书·苏武传》，上句意旨是和汉朝音信断绝（雁足传书事），下句意旨是无归期（匈奴使苏武牧牡羊，说牡羊有乳才许归汉）。后联说去汉时还是冠剑的壮年，回汉时武帝已死；“丁年奉使”见李陵《答苏武书》，甲帐是头等帐，是武帝作来敬神的，见《汉武故事》。这一联是倒装，为的更见出那“不堪回首”的用意。又，“玉玺不缘归日角，锦帆应是到天涯。于今腐草无萤火，终古垂杨有暮鸦。”（李商隐，《隋宫》）日角是额骨隆起如日，是帝王之相，这儿是根据《旧唐书》，用来指太宗。锦帆指隋炀帝的游船，见《开河记》。这一联说若不因为太宗得了天下，炀帝还该游得远呢。上句是因，下句是果。放萤火，种垂杨，都是炀帝的事。后联平列，上句说不放萤火，下句说垂杨栖鸦，一有一无，却见出“而今安在”一个用意。又，李商隐《筹笔驿》中二联道：“徒令上将挥神笔，终见降王走传车。管乐有才真不忝，关张无命欲何如！”筹笔驿在绵州绵谷县，诸葛武侯曾在那里驻军筹画。上将指武侯，降王指后主；管乐是管仲、乐毅，武侯早年曾自比这二人。前联也是倒装，因为“终见”，才觉“徒令”。但因“筹笔”想到“降王”，即景生情，虽倒装还是自然。后联也将“有”“无”对照，见出本诗末句“恨有余”的用意。七律对偶用倒装句，因果句，到晚唐才有。七言句长，整炼较难，整炼而能变化如意更难。唐代律诗刚创始，五言比较容易些，发展得自然快些。作五律的大概多些，好诗也多些，本书五律多，便是这个缘故。律诗也有不对偶或对偶不全的，如李白《夜泊牛渚怀古》（五律），又如崔颢《黄鹤楼》（七律）的次联，这些只算例外。又有不调平仄的，如《黄鹤楼》和王维《终南别业》（五律），也是例外。——也有故意这样作的，后来称为拗体，但究竟是变调。本书不选排律。七言排律本来少，五言的却多，也推杜甫为大家。排律将律诗的节奏重复多次，便觉单调，教人不乐意读下去。但本书不选，恐怕是为了典故多。晚唐律诗着重一句一联，忽略全篇的组织，因此后人评论律诗，多爱摘句，好像律诗篇幅完整的很少似的。其实不然，这只是偏好罢了。

绝句不是截取律诗的四句而成。绝句的源头在六朝乐府里。六朝五言四句的乐府很多，《子夜歌》最著名。这些大都是艳情之作，诗中用谐声辞格很多。谐声辞格如“嬉子”谐“喜”声，“藁砧”就是“铁”（铡刀）谐“夫”声。本书选了权德舆《玉台体》一首，就是这种诗。也许因为诗体太短，用这种辞格来增加它的内容，这也是多义的一式。但唐代五绝已经不用谐声辞格，因为不大方，范围也窄。唐代五绝有调平仄的，有不调平仄而押仄声韵的；后者声调上也可以说是古体诗，但题材和作风不同。所以容许这种声调不谐的五绝，大约也是因为诗体太短，变化少；多一些自由，可以让作者多一些回旋的地步。但就是这样，作的还是不多。七言四句的诗，唐以前没有，似乎是唐人的创作。这大概是为了当时流行的西域乐调而作；先有调，后有诗。五七绝都能歌唱，七绝歌唱的更多——该是因为声调曼长，好听些。作七绝的比作五绝的多得多，本书选得也多。唐人绝句有两种作风：一是铺排，一是含蓄。前者如柳宗元《江雪》：

> 千山鸟飞绝，万径人踪灭。
> 孤舟蓑笠翁，独钓寒江雪。

又，韦应物《滁州西涧》：

> 独怜幽草涧边生，上有黄鹂深树鸣。
> 春潮带雨晚来急，野渡无人舟自横。

柳诗铺排了三个印象，见出“江雪”的幽静，韦诗铺排了四个印象，见出西涧的幽静；但柳诗有“千山”“万径”“绝”“灭”等词，显得那幽静更大些。所谓铺排，是平排（或略参差，如所举例）几个同性质的印象，让它们集合起来，暗示一个境界。这是让印象自己说明，也是经济的组织，但得选择那些精的印象。后者是说要从浅中见深，小中见大；这两者有时是一回事。含蓄的绝句，似乎是正宗，如杜牧《秋夕》：

银烛秋光冷画屏，轻罗小扇扑流萤。
天街夜色凉如水，卧看牵牛织女星。

是说宫人秋夕的幽怨，可作浅中见深的一例。又，刘禹锡《乌衣巷》：

朱雀桥边野草花，乌衣巷口夕阳斜。
旧时王谢堂前燕，飞入寻常百姓家。

乌衣巷是晋代王导、谢安住过的地方，唐代早为民居。诗中只用野花、夕阳、燕子，对照今昔，便见出盛衰不常一番道理。这是小中见大，也是浅中见深。又，王之涣《登鹳雀楼》：

白日依山尽，黄河入海流。
欲穷千里目，更上一层楼。

鹳雀楼在平阳府蒲州城上。白日依山，黄河入海，一层楼的境界已穷，若要看得更远，更清楚，得上高处去。三四句上一层楼，穷千里目，是小中见大；但另一方面，这两句可能是个比喻，喻体是人生，意旨是若求远大得向高处去。这又是浅中见深了。但这一首比较前二首明快些。

论七绝的称含蓄为"风调"。风飘摇而有远情，调悠扬而有远韵，总之是余味深长。这也配合着七绝的曼长的声调而言，五绝字少节促，便无所谓风调。风调也有变化，最显著的是强弱的差别，就是口气否定、肯定的差别。明清两代论诗家推举唐人七绝压卷之作共十一首，见于本书的八首。就是：王维《渭城曲》（乐府），王昌龄《长信怨》或《出塞》（皆乐府），王翰《凉州曲》，李白《下江陵》，王之涣《出塞》（乐府，一作《凉州词》），李益《夜上受降城闻笛》，杜牧《泊秦淮》。这中间四首是乐府，乐府的措辞总要比较明快些。其余四首虽非乐府，也是明快一类。只看八首诗的末二语便可知道。现在依次抄出：

劝君更尽一杯酒，西出阳关无故人。

玉颜不及寒鸦色，犹带昭阳日影来。

但使龙城飞将在，不教胡马度阴山。

醉卧沙场君莫笑，古来征战几人回？

两岸猿声啼不住，轻舟已过万重山。

羌笛何须怨杨柳？春风不度玉门关。

不知何处吹芦管，一夜征人尽望乡。

商女不知亡国恨，隔江犹唱后庭花。

这些都用否定语作骨子，所以都比较明快些。这些诗也有所含蓄，可是强调。七绝原来专为歌唱而作，含蓄中略求明快，听者才容易懂，适应需要，本当如此。弱调的发展该是晚点儿。——不见于本书的三首，一首也是强调，二首是弱调。十一首中共有九首强调，可算是大多数。

当时为人传唱的绝句见于本书的，五言有王维的《相思》，七言有他的《渭城曲》，王昌龄的《芙蓉楼送辛渐》和《长信怨》，王之涣的《出塞》。《相思》道：

红豆生南国，春来发几枝？

愿君多采撷！此物最相思。

《芙蓉楼送辛渐》道：

寒雨连江夜入吴，平明送客楚山孤。

洛阳亲友如相问，一片冰心在玉壶。

除《长信怨》外，四首都是对称的口气，——王之涣的“羌笛”句是说“你何须吹羌笛的《折柳词》来怨久别？”——那不见于本书的高适的

"开箧泪霑臆，见君前日书"一首也是的（这一首本是一首五古的开端四语，歌者截取，作为绝句）。歌词用对称的口气，唱时好像在对听者说话，显得亲切。绝句用对称口气的特别多；有时用问句，作用也一般。这些原都是乐府的老调儿，绝句只是推广应用罢了。——风调转而为才调，奇情壮采依托在艳情故事上，是李商隐的七绝。这些诗虽增加了些新类型，却非七绝的本色。他又有《夜雨寄北》一绝：

君问归期未有期，巴山夜雨涨秋池。
何当共剪西窗烛，却话巴山夜雨时！

这也是对称的口气。设想归后向那人谈此时此地的情形，见出此时此地思归和相念的心境，回环含蓄，却又亲切明快。这种重复的组织极精练可喜。但绝句以自然为主。像本诗的组织，精练不失自然，是可遇而不可求的。

朱宝莹先生有《诗式》（中华版），专释唐人近体诗的作法作意，颇切实，邵祖平先生有《唐诗通论》（《学衡》十二期），颇详明，都可参看。

（《读书指导》）

《封建论》指导大概

封建论

柳宗元

①天地果无初乎？吾不得而知之也。生人（民）果有初乎？吾不得而知之也。然则孰为近？曰，有初为近。孰明之？由封建而明之也。彼封建者，更古圣王尧舜禹汤文武而莫能去之。盖非不欲去之也，势不可也。势之来，其生人（民）之初乎？不初，无以有封建；封建非圣人意也。

②彼其初与万物俱生，草木榛榛，鹿豕狉狉，人不能搏噬，而且无毛羽，莫克自奉自卫——荀卿有言，“必将假物以为用者也。”夫假物者必争。争而不已，必就其能断曲直者而听命焉。其智而明者，所伏必众；告之以直而不改，必痛之而后畏。由是君长刑政生焉。故近者聚而为群。群之分，其争必大，大而后有兵有德。又有大者，众群之长又就而听命焉，以安其属。于是有诸侯之列。则其争又有大者焉。德又大者，诸侯之列又就而听命焉，以安其封。于是有方伯、连帅之类。则其争又有大者焉。德又大者，方伯、连帅之类又就而听命焉，以安其人（民）。然后天下会于一。是故有里胥而后有县大夫，有县大夫而后有诸侯，有诸侯而后有方伯、连帅，有方伯、连帅而后有天子。自天子至于里胥，其德在人（民）者，死必求其嗣而奉之。故封建非圣人意也，势也。

③夫尧舜禹汤之事远矣，及有周而甚详。周有天下，裂土田而瓜分之，设五等，邦群后，布履星罗，四周于天下，轮运而辐集，合为朝觐会同，离为守臣扞城。然而降于夷王，害礼伤尊，下堂而迎觐者。历于宣王，挟中兴复古之德，雄南征北伐之威，卒不能定鲁侯之嗣。陵夷迄于幽厉，王室东徙，而自列为诸侯矣。厥后问鼎之轻重者有之，射王中肩者有之，伐凡伯、诛苌弘者有之。天下乖戾，无君君之心。余以为周之丧久矣，徒建空名于公侯之上耳。得非诸侯之盛强，末大不掉之咎欤？遂判为十二，合为七国，威分于陪臣之邦，国殄于后封之秦。则周之败端，其在乎此矣。

④秦有天下，裂都会而为之郡邑，废侯卫而为之守宰，据天下之雄图，都六合之上游，摄制四海，运于掌握之内。此其所以为一得也。不数载而天下大坏，其有由矣：亟役万人（民），暴其威刑，竭其货贿，负锄梃谪戍之徒，圜视而合从，大呼而成群，时则有叛人（民）而无叛吏。人（民）怨于下而吏畏于上，天下相合，杀守劫令而并起。咎在人（民）怨，非郡邑之制失也。

⑤汉有天下，矫秦之枉，徇周之制，剖海内而立宗子，封功臣。数年之间，奔命扶伤而不暇；困平城，病流矢，陵迟不救者三代。后乃谋臣献画，而离削自守矣。然而封建之始，郡邑居半，时则有叛国而无叛郡。秦制之得，亦以明矣。继汉而帝者，虽百代（世）可知也。

⑥唐兴，制州邑，立守宰。此其所以为宜也。然犹桀猾时起，虐害方域者，失不在于州而在于兵，时则有叛将而无叛州，州县之设，固不可革也。

⑦或者曰："封建者，必私其土，子其人（民），适其俗，修其理（治），施化易也。守宰者，苟其心，思迁其秩而已，何能理（治）乎？"余又非之：

⑧周之事迹断可见矣。列侯骄盈，黩货事戎，大凡乱国多，理（治）国寡。侯伯不得变其政，天子不得变其君。私土子人（民）者，百不有一。失在于制，不在于政，周事然也。

⑨秦之事迹，亦断可见矣。有理（治）人（民）之制，而不委郡邑，是矣。有理（治）人（民）之臣，而不使守宰是矣。郡邑不得正其制，守宰不得行其理（治）；酷刑苦役，而万人（民）侧目。失在于政，不在于制。秦事然也。

⑩汉兴，天子之政行于郡不行于国，制其守宰不制其侯王。侯王虽乱，不可变也；国人虽病，不可除也。及夫大逆不道，然后掩捕而迁之，勒兵而夷之耳。大逆未彰，奸利浚财，怙势作威，大刻于民者，无如之何。及夫郡邑，可谓理（治）且安矣。何以言之？且汉知孟舒于田叔，得魏尚于冯唐，闻黄霸之明审，睹汲黯之简靖，拜之，可也，复其位，可也，卧而委之以辑一方，可也。有罪得以黜，有能得以赏——朝拜而不道，夕斥之矣；夕受而不法，朝斥之矣。设使汉室尽城邑而侯王之，纵命其乱人（民），戚之而已；孟舒、魏尚之术莫得而施，黄霸、汲黯之化，莫得而行。明谴而导之，拜受而退已违矣。下令而削之，缔交合从之谋，周于同列，则相顾裂眥，勃然而起。——幸而不起，则削其半；削其半，民犹瘁矣。曷若举而移之，以全其人（民）乎？汉事然也。

⑪今国家尽制郡邑，连置守宰，其不可变也固矣。善制兵，谨择守，则理（治）平矣。

⑫或者又曰：夏、商、周封建而延，秦郡邑而促，——尤非所谓知理（治）者也。魏之承汉也，封爵犹建；晋之承魏也，因循不革。而二姓陵替，不闻延祚。今矫而变之，垂二百祀，大业弥固——何系于诸侯哉？

⑬或者又以为：殷、周圣王也，而不革其制，固不当复议也。是大不然。夫殷、周之不革者，是不得已也。盖以诸侯归殷者三千焉，资以黜夏，汤不得而废；归周者八百焉，资以胜殷，武王不得而易。徇之以为安，仍之以为俗，汤、武之所不得已也。夫不得已，非公之大者也，私其力于己也，私其卫于子孙也。秦之所以革之者，其为制，公之大者也；其情私也，私其一己之威也，私其尽臣畜于我也。然而公天下之端自秦始。

⑭夫天下之道，理（治）安，斯得人者也。使贤者居上，不肖者居下，而后可以理（治）安。今夫封建者，继世而理（治）。继世而理

(治)者,上果贤乎?下果不肖乎?则生人(民)之理(治)乱未可知也。将欲利其社稷,以一其人(民)之视听,则又有世大夫世食禄邑,以尽其封略,圣贤生于其时,亦无以立于天下。封建者为之也。岂圣人之制使至于是乎?吾固曰:"非圣人之意也,势也。"

指导大概

本篇是议论文,而且是议论文中的辩论文。辩论的题目是封建制和郡县制的得失。辩论的对象是魏代的曹冏,他作《六代论》,晋代的陆机,他作《五等论》,都是拥护封建的人;还有唐代的杜佑等。曹、陆的论,《文选》里有;杜佑等的意见,载在《唐书·宗室传赞》里——那"赞"里也节录了本篇的文字。本篇着重实际的政制,所以历引周秦汉唐的事迹作证。但实际的政制总得有理论的根据;曹、陆都曾举出他们理论的根据。柳宗元是反对封建的,他也有他的政治哲学作根据,这便是"势"。他再三的说,"封建非圣人意也,势也"①②⑭。这是全篇的主旨。柳宗元生在安史乱后,又亲见朱泚、朱滔、李希烈、王武俊、吴少诚、吴元济、王承宗诸人作乱。这些都是"藩镇",都是军阀的割据。篇中所谓"叛将",便指的这些人。他们委任官吏,截留税款,全不把朝廷放在眼里。这很像"春秋时代"强大的诸侯。柳宗元反对封建,是在这一种背景里。他是因为对于当时政治的关心才引起了对于封建制的历史的兴趣;所以引证的事实一直到唐代,而且对于当时的局面还建议了一个简要的原则⑪,供执政者参考。——柳宗元是唐朝的臣子,照例得避本朝帝王的讳。太宗讳"世民",文中"世"作"代","民"作"人"——文中有两个"民"字⑩,大概是传刻的人改的。高宗讳"治",文中作"理"。当时人都得如此,不独柳宗元一个。今在想着该是避讳的字下,都用括弧注出应作的本字,也许看起来明白些。

曹、陆都以为封建是"圣人意"。《六代论》说,"夫与人共其乐者,人必忧其忧;与人同其安者,人必拯其危。先王知独治之不能久也,故与人共治之；知独守之不能固也，故与人共守之”。《五等论》也说，“夫先王知帝业至重，天下至旷；旷不可以偏制，重不可以独任；任重必于借力，制旷终乎因人。于是乎立其封疆之典，财（同“裁”）其亲疏之宜，使万国相维以成盘石之固，宗庶杂居而定‘维城’之业”。共忧乐，同安危，便是封建制的理论的根据。曹、陆都说这是“先王知”，可见是“圣人意”。这是封建论者共同的主要的论据。柳宗元反对封建，得先打破这个论据。这是本篇主要的工作。①—⑥“封建非圣人意也，势也”，便是针对着曹、陆的理论而发的。柳宗元还说：“彼封建者，更古圣王尧、舜、禹、汤、文、武而莫能去之。盖非不欲去之也，势不可也。”①那么，不但“封建非圣人意”，圣人并且要废除封建，只是“势不可”罢了。说到“势”，便得从封建起源或社会起源着眼，这便是所谓“生人（民）之初”①。柳宗元似乎不相信古传的“天作君师”说（《孟子》引《逸尚书》）；他以为“君长政”起于“争”。人与人因物资而争，其中“智而明者”给他们“断曲直”，施刑罚，让他们息争。这就是“君长”。有“君长刑政”然后有秩序，然后有“群”。群与群又因物资相争，息争的是兵强德大的人；于是乎有诸侯。诸侯相争，息争的是德大的人；于是乎有方伯、连帅。方伯、连帅相争，息争的是德更大的人；于是乎有天子。“然后天下会于一”②。群的发展是自小而大，自下而上。这是柳宗元的封建起源论、社会起源论，也就是他的政治哲学。所谓“势”，就指这种自然的发展而言。他的理论大概是从《荀子》来的。《荀子·礼论篇》说：“人生而有欲。欲而不得，则不能无求。求而无度量分界，则不能不争，争则乱，乱则穷。先王恶其乱也，故制礼义以分之。”《君道篇》又说：“君者，何也？曰，能群也。”这便是“君长刑政”起于“争”的道理，不过说得不成系统罢了。“假物”也是借用《荀子·劝学篇》“君子……善假于物”的话，篇中已提明荀卿。至于那种层次的发展，是恰和《墨子·尚同篇》所说翻了个个儿。《尚同篇》以为“正长”“刑政”起于“乱”；而封建的社会的发展是自天子至于“乡里之长”，是自大而小，自上而下。柳宗元建立了他的封建起源论、社会起源论，接着就说“自天子至于里胥，其德在人（民）者，死‘必’求其嗣而奉之”②。这是说明封建的世袭制的来由，但未免太简单化了些。

可是社会的自然发展是“势”，圣人的“不得已”也是“势”。篇中论汤武不革除封建制的缘故道：“盖以诸侯归殷者三千焉，资以黜夏，汤不得而废；归周者八百焉，资以胜殷，武王不得而易。徇之以为安，仍之以为俗，汤、武之所不得已也。”⑬“徇之以为安，仍之以为俗”，不免是姑息，不免是妥协。所以接着便说，“汤、武之所不得已也。夫不得已，非公之大者也，私其力于己也，私其卫于子孙也 ”⑬。这种“不得已”出于私心，虽然也是“势”，却跟那圣人也无可奈何的“生人（民）之初”的“势”不一样。但是无论怎么样，封建“非圣人之意”是一定的。在封建的世袭制下，“世大夫世食禄邑，以尽其封略，圣贤生于其时，亦无以立于天下”⑭ 。圣人哪会定下这种不公的制度呢？本篇除辩明“封建非圣人意也，势也”这个主旨以外，还设了三个难。末一难是“殷周，圣王也，而不革其制，固不当复议也”。柳宗元便举出“汤、武之所不得已”来破这一难，已见上。中一难是“夏、商、周封建而延，秦郡邑而促”⑫。《六代论》开端就说“昔夏、殷、周之历世数十，而秦二世而亡”；杜佑也以为封建制“主祚常永”，郡县制“主祚常促”。但这也是封建论者一般的意见，因为周历年八百，秦二世而亡，可以作他们的有力的证据。柳宗元却只举魏晋唐三代作反证。魏晋两代，封建制还存着，“而二姓陵替，不闻延祚”；唐代改了郡县制，“垂二百祀，大业弥固”⑫。可见朝代的长短和封建是无关的。头一难是：“封建者，必私其土，子其人（民），适其俗，修其理（治），施化易也。守宰者，苟其心，思迁其秩而已，何能理（治）乎？”⑦这也是《五等论》里一层主要的意思，而且是陆机自己的见解——他那共忧乐，同安危的论据是袭用曹冏的。这里他说：“五等之君为己思治，郡县之长为利图物。何以征之？盖企及进取，仕子之常志；修己安民，良士之所希及。夫进取之情锐而安民之誉迟。是故侵百姓以利己者，在位所不惮，损实事以养民者，官长所夙夜也。君无卒岁之图，臣挟一时之志。五等则不然，知国为己土，众皆我民，民安己受其利，国伤家婴其病。故前人欲以垂后，后嗣思其堂构；为上无苟且之心，群下知胶固之义。”“共忧乐，同安危”，是从治者方面看，“施化”的难易是从受治者方面看。这后一层的重要仅次于前者，也是封建论者一种有力的论据。所以本篇列为头一难。别的两难，柳宗元只简单的驳了过去；只对于这一难，却历引周秦汉唐的事迹，证明它的不正确。他对于“共忧乐，同安危”那个论据，除建立了新的替代的“势”的理论外，也曾引周秦汉唐的事迹作证。这一难的重要性由此可见。篇中两回引周秦汉唐的事迹，观点却不同。一回着重在“制”，在治者；一回着重在“政”，在被治者。但从实际的政治里比较封建制和郡县制的得失，却是一样的。

照全篇所论，封建制有三失。一是“诸侯盛强，末大不掉”，天子“徒建空名于公侯之上”③。二是“列侯骄盈，黩货事戎；大凡乱国多，理（治）国寡”⑧。三是“继世而理（治）”，君长的贤不肖未可知，“生人（民）之理（治）乱未可知”⑭。因为“末大不掉”，便有陆机说的“侵弱之辱”，“土崩之困”；本篇论周代的末路“判为十二，分为七国，威分于陪臣之邦，国殄于后封之秦”③，正是这种现象。因为“列侯骄盈，黩货事戎”，便不免“奸利浚财，怙势作威，大刻于民”的情形⑩。而这两种流弊大半由于“继世而理（治）”，便是所谓“世袭”。“生人（民）之初”，各级的君长至少是“智而明者”，此外“有兵有德”；越是高级的君长德越大②。虽然在我们看，这只是个理想，但柳宗元自己应该相信这是真的，他也应该盼望本篇的读者相信这是真的。那么，封建制刚开头的时候，该是没有什么弊病的。弊病似乎起于“其德在人（民）者，死必求其嗣而奉之”②。这就是“继世而理（治）”。“继世而理（治）”的嗣君不必是“智而明者”，更不必“有德”。这种世袭制普遍推行，世君之下，又有“世大夫”，使得“圣贤生于其时，亦无以立于天下”⑭。这不是和“生人（民）之初”“智而明者”“有德”者作君长的局面刚刚相反了吗？自然，事实上世袭制和封建制是分不开的，是二而一的。可是柳宗元直到篇末才将“继世而理（治）”的流弊概括的提了一下，似乎也太忽略了这制度的重要性了？不，他不是忽略，他有他的苦衷。他生在君主世袭的时代，怎能明目张胆的攻击世袭制呢？他只能主张将无数世袭的“君长”归并为一个世袭的天子，他只能盼望这个世袭的天子会选贤与能去作“守宰”。篇中所论郡县制之得有二。一是“摄制四海，运于掌握之内”④，便是中央集权的意思。二是陆机所谓“官方（宜也）庸（同‘用’）能”；按本篇的说法，便是“孟舒、魏尚之术”可得而施，“黄霸、汲黯之化”可得而行⑩——一方面也便是圣贤有以立于天下⑭。但本篇重在“破”而不在“立”，封建之失，指摘得很详细，郡县之得，只略举纲目罢了。

本篇论历代政制的得失，只举周、秦、汉、唐四代。“尧舜禹汤之事远”③，所以存而不论。尧舜禹汤时代的史料留传的太少，难以考信，存而不论是很谨慎的态度。“及有周而甚详”③，从周说起，文献是足征的。不但文献足征，周更是封建制的极盛时期和衰落时期。这里差不多可以看见封建制的全副面目。这是封建制的最完备最适当的代表。而周代八百年天下，又是封建论者所艳羡的，并且是他们凭借着起人信心的实证。秦是第一个废封建置郡县的朝代；这是一个革命的朝代。可是二世而亡，留给论史家许多争辩。封建论者很容易的指出，这短短的一代是封建制的反面的铁证。反封建论者像柳宗元这样，却得很费心思来解释秦的速亡并不在郡县制上——郡县固然亡，封建还是会亡的。汉是封建和郡县两制并用；郡县制有了长足的发展，封建制也经过几番修正，渐渐达到名存实亡的地步。年代又相当长。这是郡县制成功的时代，也是最宜于比较两种制度的得失的时代。所以本篇说，“继汉而帝者，虽百代（世）可知也”⑤。汉可以代表魏晋等代；篇中只将魏晋带了一笔，并不详叙，便是为此。汉其实也未尝不可代表唐。但柳宗元是唐人，他固然不肯忽略自己的时代；而更有关系的是安史以来的“藩镇”的局面，那不能算封建却又像封建的，别的朝代未尝没有这种情形，却不像唐代的显著和深烈，这是柳宗元所最关心的。他的反封建，不但是学术的兴趣，还有切肤之痛。就这两种制度本身看，唐代并不需要特别提出；但他却两回将本朝跟周秦汉相提并论，可见是怎样的郑重其事了。《唐书·宗室传赞》说杜佑、柳宗元论封建，

“深探其本，据古验今而反复焉”。杜佑的全文不可见；以本篇而论，这却是一个很确切的评语。“深探其本”指立封建起源论，“据古验今而反复”正指两回将唐代跟周秦汉一并引作论证。

篇中两回引证周、秦汉唐的事迹，观点虽然不同，而“制”的得失须由“政”见，所论不免有共同的地方，评为“反复”是不错的。第一回引证以“制”为主，所以有“非郡邑之制失”④，“徇周之制”，“秦制之得”⑤，“州县之设，固不可革”⑥等语。这里周制之失是“末大不掉”③，秦制之得是“摄制四海，运于掌握之内”④；汉代兼用两制，“有叛国而无叛郡”⑤，得失最是分明。秦虽二世而亡，但“有叛人（民）而无叛吏”④，可见“非郡邑之制失”。唐用秦制，虽然“桀猾时起，虐害方域”，但“有叛将而无叛州”，可见“失不在于州而在于兵”⑥。兵原也可以息争，却只能用于小群小争。群大了，争大了，便得“有德”，而且得有大德。“藩镇”是大群，有大争；而有兵无德，自然便乱起来了。——这番征引是证明“封建非圣人意也，势也”那个主旨。第二回引证以“政”为主，所以有“侯伯不得变其政”，“失在于制，不在于政”⑧，“失在于政，不在于制”⑧，“天子之政行于郡，不行于国”⑩等语。周虽失“政”，但“侯伯不得变其政，天子不得变其君”，上下牵制，以至于此。所以真正的失，还“在于制，不在于政”。秦制是“得”了，而郡邑无权，守宰不得人；二世而亡，“失在于政”。“汉兴，天子之政行于郡，不行于国”，“侯王虽乱，不可变也；国人虽病，不可除也”。“及夫郡邑，可谓理（治）且安矣”⑩。篇中接着举出孟舒、魏尚、黄霸、汲黯几个贤明的守宰。“政”因于“制”，由此可见。至于唐“尽制郡邑，连置守宰”⑪，“制”是已然“得”了，只要“善制兵，谨择守”，便会“理（治）乎”⑪，不致失“政”。这就是上文提到的柳宗元向当时执政者建议的简要的原则了。——这番征引是证明郡县的守宰“施化易”而“能理（治）”⑦，回答那第一难。郡县制的朝代虽也会二世而亡，虽也会“桀猾时起，虐害方域”⑨，但这是没有认真施行郡县制的弊病，郡县制本身并无弊病。封建制本身却就有弊病，“政”虽有一时的得失，“侵弱之辱”“土崩之困”终久是必然的。——篇中征引，第一回详于周事，第二回详于汉事。这因为周是封建制的代表，汉是“政”因于“制”的实证的缘故。唐是柳宗元自己的时代，他知道的事迹应该最多，可是说的最少。一来是因为就封建郡县两制而论，唐代本不占重要的地位，用不着详其所不当详。二来也许是因为当代人论当代事，容易触犯忌讳，所以还是概括一些的好。

政制的作用在求“理（治）平”⑪或“理（治）安”⑩⑭，这是“天下之道”。“理（治）安”在乎“得人”，“使贤者居上不肖者居下，而后可以“理（治）安”⑭。郡县制胜于封建制的地方便在能择守宰，能进贤退不肖，赏贤罚不肖。“且汉知孟舒于田叔，得魏尚于冯唐，闻黄霸之明审，睹汲黯之简靖，拜之，可也，复其位，可也，卧而委之以辑一方，可也。有罪得以黜，有能得以赏——朝拜而不道，夕斥之矣；夕受而不法，朝斥之矣。”⑩这正是能择人，能择人才能“得人”。但如孟舒、魏尚，本都是罢免了的，文帝听了田叔和冯唐的话，才知道他们的贤能，重行起用，官复原职。可见知人善任，赏罚不差，也是不容易的。这不但得有贤明的君主，还得有贤明的辅佐。“谨择守”⑪只是个简要的原则，实施起来，得因时制宜，斟酌重轻，条目是无穷尽的。能“谨”择守宰，便能“得人”，天下便能“理（治）安”了。“得人’，真可算是一个不变的道理；纵贯古今，横通四海，为政都不能外乎此，不过条目随时随地不同罢了。柳宗元说郡县制是“公之大者”，便是为此。封建之初，虽然是“其德在人（民）者”，死了才“求其嗣而奉之”②，但后来却只是“继世而理（治）”。“继世而理（治）者，上果贤乎？下果不肖乎？”⑭这只是私天下，家天下。“圣贤生于其时，亦无以立于天下，封建者为之也”⑭。汤、武虽是“圣王”，而不能革除封建制，也不免有私心；他们是“私其力于己也，私其卫于子孙也”。秦始皇改封建为郡县，其实也出于另一种私心，这是“私其一己之威”，“私其尽臣畜于我”。可是从天下后世看，郡县制使贤不肖各居其所，使圣贤有以立于天下，确是“公之大者”。所以说“公天下之端自秦始”⑬。向来所谓“公天下”，原指尧、舜传贤，对禹传子的“家天下”而言。那是整个儿的“以天下与人”。但尧、舜之事太“远”了，太理想了。本篇着重实际的政制，所以存而不论。就实际的政制看，到了柳宗元的时代，郡县制确是“公之大者”。他将新的意义给予“公天下”这一语，而称“公天下之端自秦始”，也未尝没有道理。

议论文不管是常理，是创见，总该自圆其说，所谓“持之有故，言之成理”。最忌的是自相矛盾的毛病。议论文的作用原在起信；不能自圆其说，甚至于自相矛盾，又怎么能说服别人呢？本篇开端道：“天地果无初乎？吾不得而知之也。生人（民）果有初乎？吾不得而知之也。然则孰为近？曰，有初为近。孰明之？由封建而明之也。”上面的两答，好像是平列的；下面的两问两答却偏承着“生人（民）果有初乎？”那一问说下去，将“天地果无初乎？”一问撇开了。按旧来的看法，这一问原是所谓陪笔；这样撇开正是很经济的。可是我们觉得“无初”一问既然在篇首和“有初”一问平列的提出，总该交代一笔，才好撇开去。照现在这样，不免使人遗憾。篇中又说，“群之分，其争必大；大而后有兵有德”。接着却只说“德又大者”，更不提“有兵”一层。论到世袭制，也只说“其德在人（民）者，死必求其嗣而奉之”②。柳宗元不提“有兵”的用意，我们是可以看出的，上文已见。他这儿自然也是所谓省笔；可是逻辑的看，他是并没有自圆其说的。——前一例是逻辑的不谨严，广义的说，不谨严也是没有自圆其说的一目。又，篇中说：“彼封建者，更古圣王尧舜禹汤文武而莫能去之。盖非不欲去之也，势不可也。势之来，其生人（民）之初乎？”①后面却又说，“殷（汤）周（武）之不革者，是不得已也”。这“不得已”虽也是“势”，却跟那“生人（民）之初”的势大不相同。这就未免自相矛盾了。篇中又说，“魏之承汉也，封爵犹建；晋之承魏也，因循不革。而二姓陵替，不闻延祚”⑫。这是回答那第二难。但魏晋只是郡县封建两制兼用，而郡县更见侧重。用这两代来证明“秦郡邑而促”，似乎还比用来反证“夏商周汉封建而延”合式些。那么，这也是自相矛盾了。韩愈给柳宗元作墓志，说他“议论证据今古，出入经史百子，踔厉风发，率常屈其座人”。五百家注《柳集》说“韩退之文章过子厚而议论不及；子厚作《封建论》，退之所无”。长于议论的人，精于议论的文，还不免如上所述的毛病，足见真正严密的议论文还得有充分的逻辑的训练才成。

本篇全文是辩论，是非难。开端一节提出“封建非圣人意”，已是一“非”；所以后面提出第一难时说“余‘又’非之”⑦。这两大段大体上是“反复”的。反复可以加强那要辩明的主旨，并且可以使文字的组织更显得紧密些。这两段里还用了递进的结构。论封建的起源时，连说“又有大者”“又大者”，一层层升上去，直到“天下会于一”。接着从里胥起又一层层升上去，直到天子。论汉代政制时说：“设使汉室尽城邑而侯王之，纵令其乱人（民），戚之而已，……明谴而导之，拜受而退已违矣。下令而削之，缔交合从之谋周于同列，则相顾裂眦，勃然而起。——幸而不起，则削其半；削其半，民犹瘁矣。”⑩也是一层层升上去，不过最高一层又分两面罢了。递进跟反复是一样的作用，可以说是“异曲同工”。本篇的组织偏重整齐，反复和递进各是整齐的一目。篇中还用了许多偶句，从开端便是的，总计不下三十处，七十多语。又用了许多排语，如“周有天下”③，“秦有天下”④，“汉有天下”⑤，“周之事迹断可见矣”⑧，“秦之事迹断可见矣”⑨，“周事然也”⑧，“秦事然也”⑨，“汉事然也”⑩，“有叛人（民）而无叛吏”④，“有叛国而无叛郡”⑤，“有叛将而无叛州”⑥，“失不在于州而在于兵”⑥，“失在于制，不在于政”⑤，“失在于政，不在于制”⑨等等。偶句和排语也都可以增强组织的。柳宗元在朝中时，作文还没有脱掉六朝骈俪的规矩；本篇偏重整齐，多半也是六朝的影响。

本篇是辩论文，而且重在“破”，重在非难。凡关键的非难的句子，总是毫不犹疑，斩钉截铁。如开端的“封建非圣人意也”①②，结尾的“非圣人意也”⑭，论秦亡说“非郡邑之制失也”④，回答第二难说“尤非所谓知理（治）者也”⑫，回答第三难说“是大不然”⑬，都是斩截的否定的口气。这些是柳宗元的信念。他要说服别人，让他自己的信念取别人的不同的或者相反的信念而代之，就得用这样刚强的口气。要不然，迟迟疑疑的，自己不能坚信，自己还信不过自己，又怎能使别人信服呢？若是短小精悍的文字，有时不妨竟用这种口气一贯到底。但像本篇这样长文，若处处都用这种口气，便太紧张了，使读者有受威胁之感。再则许多细节，作者本人也未必都能确信不疑，说得太死，让人挑着了眼儿，反倒减弱全文的力量。这儿便得斟酌着参进些不十分确定的，商榷的或诘难的口气，可不是犹疑的口气。这就给读者留了地步，也给自己留了地步，而且会增加全文的情韵或姿态。在本篇里，如“势之来，其生人（民）之初乎？”⑩“得非诸侯之盛强，末大不掉之咎欤？”“则周之败端，其在乎此矣”③。“不数载而天下大坏，其有由矣”④。“曷若举而移之以全其人（民）乎？”⑩便都是商榷的口气。如“何系于诸侯哉？”⑫“继世而理（治）者，上果贤乎？下果不肖乎？”“岂圣人之制使至于是乎？”⑭便都是诘难的口气。

本篇征引周、秦、汉、唐四代的事迹，而能使人不觉得有纠缠不清或琐屑可厌的地方。这是因为有剪裁。一代的事迹往往浩如烟海，征引时当然得有个选择。选择得按着行文的意念，这里需要的是判断，是眼光。所取的事迹得切合那意念，或巧合那意念；前者是正锋，后者只是偏锋。这是剪裁的第一步。所取的事迹是生料，还得融铸一番。或引申一面，或概括全面，或竟加以说明；总得使熟悉那些事迹的读者能领会到精细的去处，而不熟悉的读者也能领会到那意念，那大旨。这后一层是很重要的。因为熟悉史事的读者究竟比不熟悉的读者少得多；一般不熟悉史事而读书明理的读者，作者是不得不顾到的。大概简单些的事迹，直陈就行了；复杂些的就得加以概括或说明。这是剪裁的第二步。本篇秦代的事比较少些，比较简单些；但只第一回征引可以算是直陈的④，第二回便以说明为主了⑨。唐代的事虽不少，却也只概括的叙了几句，⑥⑪这缘由上文已见。周、汉两代的事都繁多而复杂，最需要第二步的剪裁的便是这些。篇中第一回征引周事甚详，便不得不多用说明的语句。如“然而降于夷王，害礼伤尊，下堂而迎觐者”③，“下堂而迎觐者”是“害礼伤尊”，说明了对于一般读者更方便些。又如"厥后问鼎之轻重者有之，射王中肩者有之，伐凡伯、诛苌弘者有之；天'下乖戾，无君君之心。"有了后二语，即使不熟悉上面的三件事，也可以知道它们的性质和征引的用意。又如"遂判为十二，合为七国，威分于陪臣之邦，国殄于后封之秦。则周之败端，其在乎此矣"，"周之败端"也是说明语。这一节也参用概括的叙述，如说周初的封建，只用"周有天下，……离为守臣、扞城"一长句。又如"历于宣王，挟中兴复古之德，雄南征北伐之威，卒不能定鲁侯之嗣"，也是的。——末一语在不熟悉史事的读者，可以"概括化"为"卒不能定诸侯之嗣"，意思还是明白的。篇中征引汉事，多作概括语。如"数年之间，奔命扶伤而不暇；困平城，病流矢"⑤，上面接着"汉有天下"，叙的自然是高祖了。这里前二语概括了数年间诸王叛变的事迹，后二语举了两个最利害的例子，只要知道了这两件事是数年间最利害的例子，一般的读者也就算懂得了。下面紧接着，"陵迟不救者三代；后乃谋臣献画，而离削自守矣"，寥寥二语里也概括了许多事迹。又如"且汉知孟舒于田叔，……卧而委之以辑一方可也"一长句⑩，连举了六个人名，似乎会使一般的读者感到困难。但说"知"，说"得"，说"明审"，"简靖"，又说"拜之"，"复其位"，"卧而委之以辑一方"，这些说明的词句，再加上上下文，那六个人名也不会妨碍一般的读者了解大意的。

篇中有些词句，也许需要讨论。如"不初无以有封建"①，"不初"等于"不是生人（民）之初"，"初"是名词作动词用；"无以"是熟语。全句翻成白话是，"不是生民之初，没理由会有封建"，或"不是初民社会不会有封建"。这句话若用文言的肯定语气，该作"有初而后有封建"，但不及双重否定的斩截有斤两。"周有天下，裂土田而瓜分之，设五等，邦群后；布履星罗，四周于天下，……"句读是照旧传。有人在"邦"字断句，将"群后"属下句。这样，"周……设五等邦""群后布履星罗，……"好像容易讲解些，也合于文法些。但"五等"是成词，"五等邦"罕见；本篇还有六朝骈俪的规矩，"设五等，邦群后"二语正是相偶的。至于文法，骈体和诗自有它们的规律，跟一般的文法原有不同的去处。所以我们觉得还是旧传的句读理长些。——“履”是“所达到的地界”，“布履”是“分布的地界”。“据天下之雄图，都六合之上游④”，写秦的形势。这儿“雄图”的“图”是版图，不是谋略。“六合”原指天地四方，这儿只是宇内或天下的意思。——“六合”用在这里实在不妥贴；只因上一语有了“天下”，只得另找一词对偶。这是骈体的毛病。——“负锄梃谪戍之徒”④一语，从贾谊《过秦论》的“锄耰棘矜”“谪戍之众”变出，但不是骈体的句子而是“古文”的句子。这种句法，以前似乎没有，大概是当时的语言的影响。——韩愈提倡“古文”，主要的其实也只是教人照自然的语气造句行文罢了。这一语里“负锄梃”是形容“谪戍之徒”的，翻成白话的调子该是“负锄梃的谪戍之徒”；按文法说，“负锄梃”下似乎该有个“之”字。但一语两个“之”字，便嫌罗唆，句子显得不“健”似的，“古文”里这样两“之”的句法极罕见。这些地方不宜拘守那并未十分确定的文法，只消达意表情明白而有力就成。况且“负锄梃”这样句法后来也成了用例了。“继汉而帝者，虽百代（世）可知也”⑤，袭用《论语》“其或继周者，虽百世可知也”；不过孔子的话只是理想，柳宗元却至少有唐代作证。“有理（治）人（民）之制而不委郡邑是矣，有理（治）人（民）之臣而不使守宰是矣”⑨，是说明“秦之事迹”的。第一语“理（治）人（民）之制”就指的郡县制；可是郡邑无权。第二语“理（治）人（民）之臣”泛指贤能之士；贤能不在位，守宰不得人。“幸而不起，则削其半；削其半，民犹瘁矣”⑩，“削其半”是被朝廷“削其半”，“民犹瘁矣”是说那被削的一半的人民在被削以前，和那未被削的一半的人民，总之是吃苦的。“将欲利其社稷，以一其人（民）之视听，则又有世大夫世食禄邑，以尽其封略”⑭，前二语只是“为施政的便利，求制度的一贯”的意思。——以上是句。“所伏必众”②，伏，服也。“圜视而合从”④，“圜视”出在贾谊的《治安策》里，就是“睁圆了眼看着”，表示惊愕的神气；“合从”借用六国合从的事迹，表示“叛秦”的意思。“戚之而已”⑩，戚，忧也，又愤恨也。这些是“实词”。“告之以直而不改，必痛之而后畏”②，两“之”字泛指上句里

“所伏”的人——指其中的有些人。“秦制之得，亦以明矣”⑤，“以”和“已”通用。“私其力于己也，私其卫于子孙也”，“私其一己之威也，私其尽臣畜于我也”⑬，四“其”字都相当于白话的“那”字。这些是“半实词”。“彼其初与万物皆生”②，“其”等于“之”；这里用较古的“其”，是郑重的语气。“秦有天下，裂都会而为之郡邑，废侯卫而为之守宰”④，两“之”字也只是增强语气的词。“及夫大逆不道”，“及夫郡邑，可谓理（治）且安矣”⑩，两“及夫”都是“至于”的意思，但第一个指时间说，第二个指论点说。“且汉知孟舒于田叔……”⑩，“且”只是发端词，和“夫”字一样。这儿用“且”，也许是有意避开上面两个“及夫”里的“夫”字——那两个“夫”字可是增强“及”字的语气的。这些是“虚词”。

篇中除袭用《论语》一句外，还袭用贾谊《过秦论》和《六代》《五等》两论的词句不少。如“秦有天下”一节④，便多出于《过秦论》。其中“负锄梃”二语上文已论。“据天下之雄图，都六合之上游，摄制四海，运于掌握之内”，也是檃括《过秦论》的词句。《过秦论》说“秦孝公据殽函之固，拥雍州之地，……有席卷天下，包举宇内，囊括四海，并吞八荒之心”，又说“及至始皇，奋六世之余烈，振长策而御宇内，吞二周而亡诸侯，履至尊而制六合，执敲扑以鞭笞天下”，都是这四语所本——这儿“六合”这个词是很妥贴的。《六代论》论汉景帝时七国之乱，有“所谓‘末大必折，尾大难掉’”一语。这是引用《左传》，本篇用“末大不掉”③，大约还是《六代论》的影响。这儿将原来两语合为一语，自然是求变化。但“末大必折”本说树木枝干太大，根承不住，是会断的。现在这样和另一语拼合起来，各存一半，便不但失去原来两语的意义，而且简直是语不成义了。篇中“矫秦之枉，徇周之制”⑤，出于《五等论》的“汉矫秦枉”“秦因循周制”；而“不数载而天下大坏，其有由矣”④的句调，也出于同论的“周之不竞，有自来矣”——这两句都是总冒下文的。《六代论》的作者曹冏是魏少帝的族祖。那时少帝年幼。曹冏历举夏殷周秦汉魏六代的事迹，主张封建宗室子弟，“强干弱枝，备万一之虑”，作成此论，想感悟当时的执政者曹爽。曹爽没有采纳他的意见。此论纯为当时而作。《五等论》论“八代之制”，“秦汉之典”——“八代”指五帝三王而言。陆机是说古来圣王立“五等”治天下，“汉矫秦枉，大启侯王，境土逾溢，不遵旧典”，于是乎有“过正之灾”，却“非建侯之累”。他也是封建制的辩护人，可是似乎纯然出于历史的兴趣，不关时政。本篇只引周秦汉唐的事迹，韩愈所谓“证据今古”，跟曹的重今，陆的述古，都是同而不同；柳宗元的态度是在曹、陆之间。

封建制郡县制的得失，主要的是中国实际政制问题，不独汉唐为然。明末的顾炎武还作了九篇《郡县论》。他说：“知封建之所以变而为郡县，则知郡县之敝而将复变。然则将复变而为封建乎？曰，不能。有圣人起，寓封建之意于郡县之中，而天下治矣。”又说：“封建之失，其专在下，郡县之失，其专在上。……有司之官凛凛焉救过之不给，以得代为幸，而无肯为其民兴一日之利者。民乌得而不穷？国乌得而不弱？”他主张“尊令长之秩，而予之以生财治人之权，罢监司之任，设世官之奖，行辟属之法——所谓寓封建之意于郡县之中”（论一）。我们看了他这番话，也许会觉得不伦不类，但他也是冲着时代说的。那时流寇猖獗，到哪里打劫哪里，如入无人之境一般；守土的“令长”大都闻风逃亡，绝少尽职抵抗的人。顾炎武眼见这种情形，才有提高令长职权，创设世官制度那番议论。就是我们民国时代，在国民革命以前，也还有过联省自治和中央集权的讨论，参加的很不少，那其实也在封建制和郡县制的得失的圈子里。

（《读书指导》）

论雅俗共赏

序

本书共收关于文艺的论文十四篇，除三篇外都是去年下半年作的。其中《美国的朗诵诗》和《常识的诗》作于三十四年。前者介绍达文鲍特的《我的国家》一篇长诗，那时我在昆明，还见不到原书，只根据几种刊物拼凑起来，翻译点儿，发挥点儿。后来杨周翰先生译出全书，由美国新闻处印行。杨先生送了我一本，译文很明白。——书名我原来译作《我的国》《我的国家》是用的杨先生的译名。离开昆明的时候，我将那本书和别的许多书一齐卖掉了，现在想来怪可惜的。诗里强调故威尔基先生的“四海一家”那个意念。看看近年来美国的所作所为，真的禁不住“感慨系之”！

《论逼真与如画》，二十三年写过这个题目，发表在《文学》的《中国文学研究专号》里。那篇不满二千字的短文，是应了郑西谛兄的约一晚上赶着写成的，材料都根据《佩文韵府》，来不及检查原书。文中也明说了“钞《佩文韵府》”。记得西谛兄还笑着向我说：“何必说‘钞《佩文韵府》’呢？只举出原书的名目也可以的。”这回重读那篇小文，仔细思考，觉得有些不同的意见；又将《佩文韵府》引的材料与原书核对，竟发现有一条是错的，有一条是靠不住的。因此动手重写，写成了比旧作长了一倍有余；又给加了一个副题目《关于传统的对于自然和艺术的态度的一个考察》，希望这个啰里啰唆的副题目能够表示这两个批评用语的重要性，以及自己企图从现代的立场上来了解传统的努力。

所谓现代的立场，按我的了解，可以说就是“雅俗共赏”的立场，也可以说是偏重俗人或常人的立场，也可以说是近于人民的立场。书中各篇论文都在朝着这个方向说话。《论雅俗共赏》放在第一篇，并且用作书名，用意也在此。各篇论文的排列，按性质的异同，不按写作的先后；最近的写作是《论老实话》。《鲁迅先生的杂感》一篇，是给《燕京新闻》作的鲁迅先生逝世十一周年纪念论文，太简单了，本来打算不收入本书的，一位朋友却说鲁迅先生好比大海，大海是不拒绝细流的，他劝我留着；我就敝帚自珍的留着了。

本书各篇都曾分别发表各刊物上。现在将各刊物的名称记在文章的末尾，聊以表示谢意。

朱自清

三十七年二月，北平清华园。

论雅俗共赏

陶渊明有“奇文共欣赏，疑义相与析”的诗句，那是一些“素心人”的乐事，“素心人”当然是雅人，也就是士大夫。这两句诗后来凝结成“赏奇析疑”一个成语，“赏奇析疑”是一种雅事，俗人的小市民和农家子弟是没有份儿的。然而又出现了“雅俗共赏”这一个成语，“共赏”显然是“共欣赏”的简化，可是这是雅人和俗人或俗人跟雅人一同在欣赏，那欣赏的大概不会还是“奇文”罢。这句成语不知道起于什么时代，从语气看来，似乎雅人多少得理会到甚至迁就着俗人的样子，这大概是在宋朝或者更后罢。

原来唐朝的安史之乱可以说是我们社会变迁的一条分水岭。在这之后，门第迅速的垮了台，社会的等级不像先前那样固定了，“士”和“民”这两个等级的分界不像先前的严格和清楚了，彼此的分子在流通着，上下着。而上去的比下来的多，士人流落民间的究竟少，老百姓加入士流的却渐渐多起来。王侯将相早就没有种了，读书人到了这时候也没有种了；只要家里能够勉强供给一些，自己有些天分，又肯用功，就是个“读书种子”；去参加那些公开的考试，考中了就有官做，至少也落个绅士。这种进展经过唐末跟五代的长期的变乱加了速度，到宋朝又加上印刷术的发达，学校多起来了，士人也多起来了，士人的地位加强，责任也加重了。这些士人多数是来自民间的新的分子，他们多少保留着民间的生活方式和生活态度。他们一面学习和享受那些雅的，一面却还不能摆脱或蜕变那些俗的。人既然很多，大家是这样，也就不觉其寒尘；不但不觉其寒尘，还要重新估定价值，至少也得调整那旧来的标准与尺度。“雅俗共赏”似乎就是新提出的尺度或标准，这里并非打倒旧标准，只是要求那些雅士理会到或迁就些俗士的趣味，好让大家打成一片。当然，所谓“提出”和“要求”，都只是不自觉的看来是自然而然的趋势。

中唐的时期，比安史之乱还早些，禅宗的和尚就开始用口语记录大师的说教。用口语为的是求真与化俗，化俗就是争取群众。安史乱后，和尚的口语记录更其流行，于是乎有了“语录”这个名称，“语录”就成为一种著述体了。到了宋朝，道学家讲学，更广泛的留下了许多语录；他们用语录，也还是为了求真与化俗，还是为了争取群众。所谓求真的“真”，一面是如实和直接的意思。禅家认为第一义是不可说的，语言文字都不能表达那无限的可能，所以是虚妄的。然而实际上语言文字究竟是不免要用的一种“方便”，记录的文字自然越近实际的、直接的说话越好。在另一面这“真”又是自然的意思，自然才亲切，才让人容易懂，也就是更能收到化俗的功效，更能获得广大的群众。道学主要的是中国的正统的思想，道学家用了语录做工具，大大的增强了这种新的文体的地位，语录就成为一种传统了。比语录体稍稍晚些，还出现了一种宋朝叫做“笔记”的东西。这种作品记述有趣味的杂事，范围很宽，一方面发表作者自己的意见，所谓议论，也就是批评，这些批评往往也很有趣味。作者写这种书，只当做对客闲谈，并非一本正经，虽然以文言为主，可是很接近说话。这也是给大家看的，看了可以当做“谈助”，增加趣味。宋朝的笔记最发达，当时盛行，流传下来的也很多。目录家将这种笔记归在“小说”项下，近代书店汇印这些笔记，更直题为“笔记小说”；中国古代所谓“小说”，原是指记述杂事的趣味作品而言的。

那里我们得特别提到唐朝的“传奇”。“传奇”据说可以见出作者的“史才、诗、笔、议论”，是唐朝士子在投考进士以前用来送给一些大人先生看，介绍自己，求他们给自己宣传的。其中不外乎灵怪、艳情、剑侠三类故事，显然是以供给“谈助”，引起趣味为主。无论照传统的意念，或现代的意念，这些“传奇”无疑的是小说，一方面也和笔记的写作态度有相类之处。照陈寅恪先生的意见，这种“传奇”大概起于民间，文士是仿作，文字里多口语化的地方。陈先生并且说唐朝的古文运动就是从这儿开始。他指出古文运动的领导者韩愈的《毛颖传》，正是仿“传奇”而作。我们看韩愈的“气盛言宜”的理论和他的参差错落的文句，也正是多多少少在口语化。他的门下的“好难”“好易”两派，似乎原来也都是在试验如何口语化。可是“好难”的一派过分强调了自己，过分想出奇制胜，不管一般人能够了解欣赏与否，终于被人看做“诡”和“怪”而失败，于是宋朝的欧阳修继承了“好易”的一派的努力而奠定了古文的基础。——以上说的种种，都是安史乱后几百年间自然的趋势，就是那雅俗共赏的趋势。

宋朝不但古文走上了“雅俗共赏”的路，诗也走向这条路。胡适之先生说宋诗的好处就在“做诗如说话”，一语破的指出了这条路。自然，这条路上还有许多曲折，但是就像不好懂的黄山谷，他也提出了“以俗为雅”的主张，并且点化了许多俗语成为诗句。实践上“以俗为雅”，并不从他开始，梅圣俞、苏东坡都是好手，而苏东坡更胜。据记载，梅和苏都说过“以俗为雅”这句话，可是不大靠得住；黄山谷却在《再次杨明叔韵》一诗的“引”里郑重的提出“以俗为雅，以故为新”，说是“举一纲而张万目”。他将“以俗为雅”放在第一，因为这实在可以说是宋诗的一般作风，也正是“雅俗共赏”的路。但是加上“以故为新”，路就曲折起来，那是雅人自赏，黄山谷所以终于不好懂了。不过黄山谷虽然不好懂，宋诗却终于回到了“做诗如说话”的路，这“如说话”，的确是条大路。

雅化的诗还不得不回向俗化，刚刚来自民间的词，在当时不用说自然是“雅俗共赏”的。别瞧黄山谷的有些诗不好懂，他的一些小词可够俗的。柳耆卿更是个通俗的词人。词后来虽然渐渐雅化或文人化，可是始终不能雅到诗的地位，它怎么着也只是“诗余”。词变为曲，不是在文人手里变，是在民间变的；曲又变得比词俗，虽然也经过雅化或文人化，可是还雅不到词的地位，它只是“词余”。一方面从晚唐和尚的俗讲演变出来的宋朝的“说话”就是说书，乃至后来的平话以及章回小说，还有宋朝的杂剧和诸宫调等等转变成功的元朝的杂剧和戏文，乃至后来的传奇，以及皮簧戏，更多半是些“不登大雅”的“俗文学”。这些除元杂剧和后来的传奇也算是“词余”以外，在过去的文学传统里简直没有地位；也就是说这些小说和戏剧在过去的文学传统里多半没有地位，有些有点地位，也不是正经地位。可是虽然俗，大体上却“俗不伤雅”，虽然没有什么地位，却总是“雅俗共赏”的玩艺儿。

“雅俗共赏”是以雅为主的，从宋人的“以俗为雅”以及常语的“俗不伤雅”，更可见出这种宾主之分。起初成群俗士蜂拥而上，固然逼得原来的雅士不得不理会到甚至迁就着他们的趣味，可是这些俗士需要摆脱的更多。他们在学习，在享受，也在蜕变，这样渐渐适应那雅化的传统，于是乎新旧打成一片，传统多多少少变了质继续下去。前面说过的文体和诗风的种种改变，就是新旧双方调整的过程，结果迁就的渐渐不觉其为迁就，学习的也渐渐习惯成了自然，传统的确稍稍变了质，但是还是文言或雅言为主，就算跟民众近了一些，近得也不太多。

至于词曲，算是新起于俗间，实在以音乐为重，文辞原是无关轻重的；“雅俗共赏”，正是那音乐的作用。后来雅士们也曾分别将那些文辞雅化，但是因为音乐性太重，使他们不能完成那种雅化，所以词曲终于不能达到诗的地位。而曲一直配合着音乐，雅化更难，地位也就更低，还低于词一等。可是词曲到了雅化的时期，那“共赏”的人却就雅多而俗少了。真正“雅俗共赏”的是唐、五代、北宋的词，元朝的散曲和杂剧，还有平话和章回小说以及皮簧戏等。皮簧戏也是音乐为主，大家直到现在都还在哼着那些粗俗的戏词，所以雅化难以下手，虽然一二十年来这雅化也已经试着在开始。平话和章回小说，传统里本来没有，雅化没有合式的榜样，进行就不易。《三国演义》虽然用了文言，却是俗化的文言，接近口语的文言，后来的《水浒》《西游记》《红楼梦》等就都用白话了。不能完全雅化的作品在雅化的传统里不能有地位，至少不能有正经的地位。雅化程度的深浅，决定这种地位的高低或有没有，一方面也决定“雅俗共赏”的范围的小和大——雅化越深，“共赏”的人越少，越浅也就越多。所谓多少，主要的是俗人，是小市民和受教育的农家子弟。在传统里没有地位或只有低地位的作品，只算是玩艺儿；然而这些才接近民众，接近民众却还能教“雅俗共赏”，雅和俗究竟有共通的地方，不是不相理会的两橛了。

单就玩艺儿而论，“雅俗共赏”虽然是以雅化的标准为主，“共赏”者却以俗人为主。固然，这在雅方得降低一些，在俗方也得提高一些，要“俗不伤雅”才成；雅方看来太俗，以至于“俗不可耐”的，是不能“共赏”的。但是在什么条件之下才会让俗人所“赏”的，雅人也能来“共赏”呢？我们想起了“有目共赏”这句话。孟子说过“不知子都之姣者，无目者也”，“有目”是反过来说，“共赏”还是陶诗“共欣赏”的意思。子都的美貌，有眼睛的都容易辨别，自然也就能“共赏”了。孟子接着说：“口之于味也，有同嗜焉；耳之于声也，有同听焉；目之于色也，有同美焉。”这说的是人之常情，也就是所谓人情不相远。但是这不相远似乎只限于一些具体的、常识的、现实的事物和趣味。譬如北平罢，故宫和颐和园，包括建筑、风景和陈列的工艺品，似乎是“雅俗共赏”的，天桥在雅人的眼中似乎就有些太俗了。说到文章，俗人所能“赏”的也只是常识的、现实的。后汉的王充出身是俗人，他多多少少代表俗人说话，反对难懂而不切实用的辞赋，却赞美公文能手。公文这东西关系雅俗的现实利益，始终是不曾完全雅化了的。再说后来的小说和戏剧，有的雅人说《西厢记》诲淫，《水浒传》诲盗，这是“高论”。实际上这一部戏剧和这一部小说都是“雅俗共赏”的作品。《西厢记》无视了传统的礼教，《水浒传》无视了传统的忠德，然而“男女”是“人之大欲”之一，“官逼民反”，也是人之常情，梁山泊的英雄正是被压迫的人民所想望的。俗人固然同情这些，一部分的雅人，跟俗人相距还不太远的，也未尝不高兴这两部书说出了他们想说而不敢说的。这可以说是一种快感，一种趣味，可并不是低级趣味；这是有关系的，也未尝不是有节制的。“诲淫”“诲盗”

只是代表统治者的利益的说话。

十九世纪二十世纪之交是个新时代，新时代给我们带来了新文化，产生了我们的知识阶级。这知识阶级跟从前的读书人不大一样，包括了更多的从民间来的分子，他们渐渐跟统治者拆伙而走向民间。于是乎有了白话正宗的新文学，词曲和小说戏剧都有了正经的地位。还有种种欧化的新艺术。这种文学和艺术却并不能让小市民来“共赏”，不用说农工大众。于是乎有人指出这是新绅士也就是新雅人的欧化，不管一般人能够了解欣赏与否。他们提倡“大众语”运动。但是时机还没有成熟，结果不显著。抗战以来又有“通俗化”运动，这个运动并已经在开始转向大众化。“通俗化”还分别雅俗，还是“雅俗共赏”的路，大众化却更进一步要达到那没有雅俗之分，只有“共赏”的局面。这大概也会是所谓由量变到质变罢。

（《观察》）

论百读不厌

前些日子参加了一个讨论会，讨论赵树理先生的《李有才板话》。座中一位青年提出了一件事实：他读了这本书觉得好，可是不想重读一遍。大家费了一些时候讨论这件事实。有人表示意见，说不想重读一遍，未必减少这本书的好，未必减少它的价值。但是时间匆促，大家没有达到明确的结论。一方面似乎大家也都没有重读过这本书，并且似乎从没有想到重读它。然而问题不但关于这一本书，而是关于一切文艺作品。为什么一些作品有人“百读不厌”，另一些却有人不想读第二遍呢？是作品的不同吗？是读的人不同吗？如果是作品不同，“百读不厌”是不是作品评价的一个标准呢？这些都值得我们思索一番。

苏东坡有《送章惇秀才失解西归》诗，开头两句是：

旧书不厌百回读，
熟读深思子自知。

“百读不厌”这个成语就出在这里。“旧书”指的是经典，所以要“熟读深思”。《三国·魏志·王肃传·注》：

人有从（董遇）学者，遇不肯教，而云“必当先读百遍”，言“读书百遍而义自见”。

经典文字简短，意思深长，要多读，熟读，仔细玩味，才能了解和体会。所谓“义自见”，“子自知”，着重自然而然，这是不能着急的。这诗句原是安慰和勉励那考试失败的章惇秀才的话，劝他回家再去安心读书，说“旧书”不嫌多读，越读越玩味越有意思。固然经典值得“百回读”，但是这里着重的还在那读书的人。简化成“百读不厌”这个成语，却就着重在读的书或作品了。这成语常跟另一成语“爱不释手”配合着，在读的时候“爱不释手”，读过了以后“百读不厌”。这是一种赞词和评语，传统上确乎是一个评价的标准。当然，“百读”只是“重读”“多读”“屡读”的意思，并不一定一遍接着一遍的读下去。

经典给人知识，教给人怎样做人，其中有许多语言的、历史的、修养的课题，有许多注解，此外还有许多相关的考证，读上百遍，也未必能够处处贯通，教人多读是有道理的。但是后来所谓“百读不厌”，往往不指经典而指一些诗，一些文，以及一些小说；这些作品读起来津津有味，重读，屡读也不腻味，所以说“不厌”；“不厌”不但是“不讨厌”，并且是“不厌倦”。诗文和小说都是文艺作品，这里面也有一些语言的和历史的课题，诗文也有些注解和考证；小说方面呢，却直到近代才有人注意这些课题，于是也有了种种考证。但是过去一般读者只注意诗文的注解，不大留心那些课题，对于小说更其如此。他们集中在本文的吟诵或流览上。这些人吟诵诗文是为了欣赏，甚至于只为了消遣，流览或阅读小说更只是为了消遣，他们要求的是趣味，是快感。这跟诵读经典不一样。诵读经典是为了知识，为了教训，得认真，严肃，正襟危坐的读，不像读诗文和小说可以马马虎虎的，随随便便的，在床上，在火车轮船上都成。这么着可还能够教人“百读不厌”，那些诗文和小说到底是靠了什么呢？

在笔者看来，诗文主要是靠了声调，小说主要是靠了情节。过去一般读者大概都会吟诵，他们吟诵诗文，从那吟诵的声调或吟诵的音乐得到趣味或快感，意义的关系很少；只要懂得字面儿，全篇的意义弄不清楚也不要紧的。梁启超先生说过李义山的一些诗，虽然不懂得究竟是什么意思，可是读起来还是很有趣味（大意）。这种趣味大概一部分在那些字面儿的影象上，一部分就在那七言律诗的音乐上。字面儿的影象引起人们奇丽的感觉；这种影象所表示的往往是珍奇，华丽的景物，平常人不容易接触到的，所谓“七宝楼台”之类。民间文艺里常常见到的“牙床”等等，也正是这种作用。民间流行的小调以音乐为主，而不注重词句，欣赏也偏重在音乐上，跟吟诵诗文也正相同。感觉的享受似乎是直接的，本能的，即使是字面儿的影象所引起的感觉，也还多少有这种情形，至于小调和吟诵，更显然直接诉诸听觉，难怪容易唤起普遍的趣味和快感。至于意义的欣赏，得靠综合诸感觉的想象力，这个得有长期的教养才成。然而就象教养很深的梁启超先生，有时也还让感觉领着走，足见感觉的力量之大。

小说的“百读不厌”，主要的是靠了故事或情节。人们在儿童时代就爱听故事，尤其爱奇怪的故事。成人也还是爱故事，不过那情节得复杂些。这些故事大概总是神仙、武侠、才子、佳人，经过种种悲欢离合，而以大团圆终场。悲欢离合总得不同寻常，那大团圆才足奇。小说本来起于民间，起于农民和小市民之间。在封建社会里，农民和小市民是受着重重压迫的，他们没有多少自由，却有做白日梦的自由。他们寄托他们的希望于超现实的神仙，神仙化的武侠，以及望之若神仙的上层社会的才子佳人；他们希望有朝一日自己会变成了这样的人物。这自然是不能实现的奇迹，可是能够给他们安慰、趣味和快感。他们要大团圆，正因为他们一辈子是难得大团圆的，奇情也正是常情啊。他们同情故事中的人物，“设身处地”的“替古人担忧”，这也因为事奇人奇的原故。过去的小说似乎始终没有完全移交到士大夫的手里。士大夫读小说，只是看闲书，就是作小说，也只是游戏文章，总而言之，消遣而已。他们得化装为小市民来欣赏，来写作；在他们看，小说奇于事实，只是一种玩艺儿，所以不能认真、严肃，只是消遣而已。

封建社会渐渐垮了，五四时代出现了个人，出现了自我，同时成立了新文学。新文学提高了文学的地位；文学也给人知识，也教给人怎样做人，不是做别人的，而是做自己的人。可是这时候写作新文学和阅读新文学的，只是那变了质的下降的士和那变了质的上升的农民和小市民混合成的知识阶级，别的人是不愿来或不能来参加的。而新文学跟过去的诗文和小说不同之处，就在它是认真的负着使命。早期的反封建也罢，后来的反帝国主义也罢，写实的也罢，浪漫的和感伤的也罢，文学作品总是一本正经的在表现着并且批评着生活。这么着文学扬弃了消遣的气分，回到了严肃——古代贵族的文学如《诗经》，倒本来是严肃的。这负着严肃的使命的文学，自然不再注重“传奇”，不再注重趣味和快感，读起来也得正襟危坐，跟读经典差不多，不能再那么马马虎虎，随随便便的。但是究竟是形象化的，诉诸情感的，跟经典以冰冷的抽象的理智的教训为主不同，又是现代的白话，没有那些语言的和历史的问题，所以还能够吸引许多读者自动去读。不过教人“百读不厌”甚至教人想去重读一遍的作品，的确是很少了。

新诗或白话诗，和白话文，都脱离了那多多少少带着人工的、音乐的声调，而用着接近说话的声调。喜欢古诗、律诗和骈文、古文的失望了，他们尤其反对这不能吟诵的白话新诗；因为诗出于歌，一直不曾跟音乐完全分家，他们是不愿扬弃这个传统的。然而诗终于转到意义中心的阶段了。古代的音乐是一种说话，所谓“乐语”，后来的音乐独立发展，变成“好听”为主了。现在的诗既负上自觉的使命，它得说出人人心中所欲言而不能言的，自然就不注重音乐而注重意义了。——一方面音乐大概也在渐渐注重意义，回到说话罢？——字面儿的影象还是用得着，不过一般的看起来，影象本身，不论是鲜明的，朦胧的，可以独立的诉诸感觉的，是不够吸引人了；影象如果必需得用，就要配合全诗的各部分完成那中心的意义，说出那要说的话。在这动乱时代，人们着急要说话，因为要说的话实在太多。小说也不注重故事或情节了，它的使命比诗更见分明。它可以不靠描写，只靠对话，说出所要说的。这里面神仙、武侠、才子、佳人，都不大出现了，偶然出现，也得打扮成平常人；是的，这时代的小说的人物，主要的是些平常人了，这是平民世纪啊。至于文，长篇议论文发展了工具性，让人们更如意的也更精密的说出他们的话，但是这已经成为诉诸理性的了。诉诸情感的是那发展在后的小品散文，就是那标榜“生活的艺术”，抒写“身边琐事”的。这倒是回到趣味中心，企图着教人“百读不厌”的，确乎也风行过一时。然而时代太紧张了，不容许人们那么悠闲；大家嫌小品文近乎所谓“软性”，丢下了它去找那“硬性”的东西。

文艺作品的读者变了质了，作品本身也变了质了，意义和使命压下了趣味，认识和行动压下了快感。这也许就是所谓“硬”的解释。“硬性”的作品得一本正经的读，自然就不容易让人“爱不释手”，“百读不厌”。于是“百读不厌”就不成其为评价的标准了，至少不成其为主要的标准了。但是文艺是欣赏的对象，它究竟是形象化的，诉诸情感的，怎么“硬”也不能“硬”到和论文或公式一样。诗虽然不必再讲那带几分机械性的声调，却不能不讲节奏，说话不也有轻重高低快慢吗？节奏合式，才能集中，才能够高度集中。文也有文的节奏，配合着意义使意义集中。小说是不注重故事或情节了，但也总得有些契机来表现生活和批评它；这些契机得费心思去选择和配合，才能够将那要说的话，要传达的意义，完整的说出来，传达出来。集中了的完整了的意义，才见出情感，才让人乐意接受，“欣赏”就是“乐意接受”的意思。能够这样让人欣赏的作品是好的，是否“百读不厌”，可以不论。在这种情形之下，笔者同意：《李有才板话》即使没有人想重读一遍，也不减少它的价值，它的好。

但是在我们的现代文艺里，让人“百读不厌”的作品也有的。例如鲁迅先生的《阿Q正传》，茅盾先生的《幻灭》《动摇》《追求》三部曲，笔者都读过不止一回，想来读过不止一回的人该不少罢。在笔者本人，大概是《阿Q正传》里的幽默和三部曲里的几个女性吸引住了我。这几个作品的好已经定论，它们的意义和使命大家也都熟悉，这里说的只是它们让笔者“百读不厌”的因素。《阿Q正传》主要的作用不在幽默，那三部曲的主要作用也不在铸造几个女性，但是这些却可能产生让人“百读不厌”的趣味。这种趣味虽然不是必要的，却也可以增加作品的力量。不过这里的幽默决不是油滑的，无聊的，也决不是为幽默而幽默，而女性也决不就是色情，这个界限是得弄清楚的。抗战期中，文艺作品尤其是小说的读众大大的增加了。增加的多半是小市民的读者，他们要求消遣，要求趣味和快感。扩大了的读众，有着这样的要求也是很自然的。长篇小说的流行就是这个要求的反应，因为篇幅长，故事就长，情节就多，趣味也就丰富了。这可以促进长篇小说的发展，倒是很好的。可是有些作者却因为这样的要求，忘记了自己的边界，放纵到色情上，以及粗劣的笑料上，去吸引读众，这只是迎合低级趣味。而读者贪读这一类低级的软性的作品，也只是沉溺，说不上“百读不厌”。“百读不厌”究竟是个赞词或评语，虽然以趣味为主，总要是纯正的趣味才说得上的。

（《文讯》月刊）

论逼真与如画

——关于传统的对于自然和艺术的态度的一个考察

“逼真”与“如画”这两个常见的批评用语，给人一种矛盾感。“逼真”是近乎真，就是像真的。“如画”是像画，像画的。这两个语都是价值的批评，都说是“好”。那么，到底是真的好呢？还是画的好呢？更教人迷糊的，像清朝大画家王鉴说的：

人见佳山水，辄曰“如画”，见善丹青，辄曰“逼真”。

（《染香庵跋画》）

丹青就是画。那么，到底是“如画”好呢？还是“逼真”好呢？照历来的用例，似乎两个都好，两个都好而不冲突，怎么会的呢？这两个语出现在我们的中古时代，沿用得很久，也很广，表现着这个民族对于自然和艺术的重要的态度。直到白话文通行之后，我们有了完备的成套的批评用语，这两个语才少见了，但是有时还用得着，有时也翻成白话用着。

这里得先看看这两个语的历史。照一般的秩序，总是先有“真”，后才有“画”，所以我们可以顺理成章的说“逼真与如画”——将“逼真”

排在“如画”的前头。然而事实上似乎后汉就有了“如画”这个语，“逼真”却大概到南北朝才见。这两个先后的时代，限制着“画”和“真”两个词的意义，也就限制着这两个语的意义；不过这种用语的意义是会跟着时代改变的。《后汉书·马援传》里说他：

为人明须（鬚）发，眉目如画。

唐朝李贤注引后汉的《东观记》说：

援长七尺五寸，色理发肤眉目容貌如画。

可见“如画”这个语后汉已经有了，南朝范晔作《汉书·马援传》，大概就根据这类记载；他沿用“如画”这个形容语，没有加字，似乎直到南朝这个语的意义还没有什么改变。但是“如画”到底是什么意义呢？

我们知道直到唐初，中国画是以故事和人物为主的，《东观记》里的“如画”，显然指的是这种人物画。早期的人物画由于工具的简单和幼稚，只能做到形状匀称与线条分明的地步，看武梁祠的画像就可以知道。画得匀称分明是画得好；人的“色理发肤眉目容貌如画”，是相貌生得匀称分明，也就是生得好。但是色理发肤似乎只能说分明，不能说匀称，范晔改为“明须发，眉目如画”，是很有道理的。匀称分明是常识的评价标准，也可以说是自明的标准，到后来就成了古典的标准。类书里还举出三国时代诸葛亮的《黄陵庙记》，其中叙到“乃见江左大山壁立，林麓峰峦如画”，上文还有“睹江山之胜”的话。清朝严可均编辑的《全三国文》里说“此文疑依托”，大概是从文体或作风上看。笔者也觉得这篇记是后人所作。“江山之胜”这个意念到东晋才逐渐发展，三国时代是不会有的；而文体或作风又不像。文中“如画”一语，承接着“江山之胜”，已经是变义，下文再论。

“如画”是像画，原义只是像画的局部的线条或形体，可并不说像一个画面；因为早期的画还只以个体为主，作画的人对于整个的画面还没有清楚的意念。这个意念似乎到南北朝才清楚的出现。南齐谢赫举出画的六法，第五是“经营布置”，正是意识到整个画面的存在的证据。就在这个时代，有了“逼真”这个语，“逼真”是指的整个形状。如《水经注·沔水篇》说：

上粉县……堵水之旁……有白马山，山石似马，望之逼真。

这里“逼真”是说像真的白马一般。但是山石像真的白马又有什么好呢？这就牵连到这个“真”字的意义了。这个“真”固然指实物，可是一方面也是《老子》《庄子》里说的那个“真”，就是自然，另一方面又包含谢赫的六法的第一项“气韵生动”的意思，惟其“气韵生动”，才能自然，才是活的不是死的。死的山石像活的白马，有生气，有生意，所以好。“逼真”等于俗语说的“活脱”或“活像”，不但像是真的，并且活像是真的。如果这些话不错，“逼真”这个意念主要的还是跟着画法的发展来的。这时候画法已经从匀称分明进步到模仿整个儿实物了。六法第二“骨法用笔”似乎是指的匀称分明，第五“经营布置”是进一步的匀称分明。第三“应物象形”，第四“随类傅彩”，第六“传模移写”，大概都在说出如何模仿实物或自然；最重要的当然是“气韵生动”，所以放在第一。“逼真”也就是近于自然，像画一般的模仿着自然，多多少少是写实的。

唐朝张怀瓘的《书断》里说：

太宗……尤善临古帖，殆于逼真。

这是说唐太宗模仿古人的书法，差不多活像，活像那些古人。不过这似乎不是模仿自然。但是书法是人物的一种表现，模仿书法也就是模仿人物；而模仿人物，如前所论，也还是模仿自然。再说我国书画同源，基本的技术都在乎“用笔”，书法模仿书法，跟画的模仿自然也有相通的地方。不过从模仿书法到模仿自然，究竟得拐上个弯儿。老是拐弯儿就不免只看见那作品而忘掉了那整个儿的人，于是乎“貌同心异”，模仿就成了死板板的描头画角了。书法不免如此，画也不免如此。这就不成其为自然。郭绍虞先生曾经指出道家的自然有“神化”和“神遇”两种境界。而“气韵生动”的“气韵”，似乎原是音乐的术语借来论画的，这整个语一方面也接受了“神化”和“神遇”的意念，综合起来具体的说出，所以作为基本原则，排在六法的首位。但是模仿成了机械化，这个基本原则显然被忽视。为了强调它，唐朝人就重新提出那“神”的意念，这说是复古也未尝不可。于是张怀瓘开始将书家分为“神品”“妙品”“能品”，朱景元又用来论画，并加上了“逸品”。这神、妙、能、逸四品，后来成了艺术批评的通用标准，也是一种古典的标准。但是神、妙、逸三品都出于道家的思想，都出于玄心和达观，不出于常识，只有能品才是常识的标准。

重神当然就不重形，模仿不妨“貌异心同”；但是这只是就间接模仿自然而论。模仿别人的书画诗文，都是间接模仿自然，也可以说是艺术模仿艺术。直接模仿自然，如“山石似马”，可以说是自然模仿自然，就还得“逼真”才成。韩愈的《春雪间早梅》诗说：

那是俱疑似，
须知两逼真！

春雪活像早梅，早梅活像春雪，也是自然模仿自然，不过也是像画一般模仿自然。至于韩偓的诗：

纵有才难咏，
宁无画逼真！

说是虽然诗才薄弱，形容不出，难道不能画得活像！这指的是女子的美貌，又回到了人物画，可以说是艺术模仿自然。这也是直接模仿自然，要求“逼真”，跟“山石似马”那例子一样。

到了宋朝，苏轼才直截了当的否定了“形似”，他《书鄢陵王主簿所画折枝》的诗里说：

论画以形似，
见与儿童邻。
……
边鸾雀写生，
赵昌花传神。
……

“写生”是“气韵生动”的注脚。后来董逌的《广川画跋》里更提出“生意”这个意念。他说：

世之评画者曰，妙于生意，能不失真如此矣。至是为能尽其技。尝问如何是当处生意？曰，殆谓自然。问自然，则曰能不异真者斯得之矣。且观天地生物，特一气运化尔，其功用秘移，与物有宜，莫知为之者。故能成于自然。今画者信妙矣，方且晕形布色，求物比之，似而效之，序以成者，皆人力之后失也，岂能以合于自然者哉！

“生意”是真，是自然，是“一气运化”。“晕形布色”，比物求似，只是人工，不合自然。他也在否定“形似”，一面强调那气化或神化的“生意”。这些都见出道家“得意忘言”以及禅家“参活句”的影响。不求“形似”，当然就无所谓“逼真”；因为“真”既没有定形，逼近与否是很难说的。我们可以说“神似”，也就是“传神”，却和“逼真”有虚实之分。不过就画论画，人物、花鸟、草虫，到底以形为本，常识上还只要求这些画“逼真”。跟苏轼差不多同时的晁以道的诗说得好：

画写物外形，

要于形不改。

就是这种意思。但是山水画另当别论。

东晋以来士大夫渐渐知道欣赏山水，这也就是风景，也就是“江山之胜”。但是在画里山水还只是人物的背景，《世说新语》记顾恺之画谢鲲在岩石里，就是一个例证。那时却有个宗炳，将自己游历过的山水，画在墙壁上，“卧以游之”。这是山水画独立的开始，但是这种画无疑的多多少少还是写实的。到了唐朝，山水画长足的发展，北派还走着近乎写实的路，南派的王维开创了文人画，却走上了象征的路。苏轼说他“诗中有画，画中有诗”，文人画的特色就在“画中有诗”。因为要“有诗”，有时就出了常识常理之外。张彦远说“王维画物多不问四时，如画花，往往以桃杏芙蓉莲花同画一景”。宋朝沈括的《梦溪笔谈》也说他家藏得有王氏的“《袁安卧雪图》，有雪中芭蕉”。但是沈氏却说：

此乃得心应手，意到便成，故造理入神，迥得天意。此难可与俗人论也。

这里提到了“神”“天”就是自然，而“俗人”是对照着“文人”说的。沈氏在上文还说“书画之妙，当以神会”，“神会”可以说是象征化。桃杏芙蓉莲花虽然不同时，放在同一个画面上，线条、形体、颜色却有一种特别的和谐，雪中芭蕉也如此。这种和谐就是诗。桃杏芙蓉莲花等只当做线条、形体、颜色用着，只当做象征用着，所以就可以“不问四时”。这也可以说是装饰化，图案化，程式化。但是最容易程式化的最能够代表文人化的是山水画，苏轼的评语，正指王维的山水画而言。

桃杏芙蓉莲花等等是个别的实物，形状和性质各自分明，“同画一景”，俗人或常人用常识的标准来看，马上觉得时令的矛盾，至于那矛盾里的和谐，原是在常识以外的，所以容易引起争辩。山水，文人欣赏的山水，却是一种境界，来点儿写实固然不妨，可是似乎更宜于象征化。山水里的草木鸟兽人物，都吸收在山水里，或者说和山水合为一气；兽与人简直可以没有，如元朝倪瓒的山水画，就常不画人，据说如此更高远，更虚静，更自然。这种境界是画，也是诗，画出来写出来是的，不画出来不写出来也是的。这当然说不上“像”，更说不上“活像”或“逼真”了。“如画”倒可以解作像这种山水画。但是唐人所谓“如画”，还带有写实的意味，例如李商隐的诗：

> 茂苑城如画，
> 阊门瓦欲流。

皮日休的诗：

> 楼台如画倚霜空。

虽然所谓“如画”指的是整个画面，却似乎还是北派的山水画。上文《黄陵庙记》里的“如画”，也只是这个意思。到了宋朝，如林逋的诗：

> 白公睡阁幽如画。

这个“幽”就全然是境界，像的当然是南派的画了。“如画”可以说是属于自然模仿艺术一类。

上文引过王鉴的话，“人见佳山水，辄曰‘如画’”，这“如画”是说像南派的画。他又说“见善丹青，辄曰‘逼真，”，这丹青却该是人物、花鸟、草虫，不是山水画。王鉴没有弄清楚这个分别，觉得这两个语在字面上是矛盾的，要解决这个矛盾，他接着说：

> 则知形影无定法，真假无滞趣，惟在妙悟人得之；不尔，虽工未为上乘也。

形影无定，真假不拘，求“形似”也成，不求“形似”也成，只要妙悟，就能够恰到好处。但是“虽工未为上乘”，“形似”到底不够好。他这些话并不曾解决了他想像中的矛盾，反而越说越糊涂。照“真假无滞趣”那句话，似乎画是假的；可是既然不拘真假，假而合于自然，也未尝不可以说是真的。其实他所谓假，只是我们说的境界，与实物相对的境界。照我们看，境界固然与实物不同，却也不能说是假的。同是清朝大画家的王时敏在一处画跋里说过：

> 石谷所作雪卷，寒林积素，江村寥落，一一皆如真境，宛然辋川笔法。

辋川指的王维，“如真境”是说像自然的境界，所谓“得心应手，意到便成”，“莫知为之者”。自然的境界尽管与实物不同，却还不妨是真的。

“逼真”与“如画”这两个语借用到文学批评上，意义又有些变化。这因为文学不同于实物，也不同于书法的点画，也不同于画法的“用笔”“象形”“傅彩”。文学以文字为媒介，文字表示意义，意义构成想像；想像里有人物，花鸟，草虫，及其他，也有山水——有实物，也有境界。但是这种实物只是想像中的实物；至于境界，原只存在于想像中，倒是只此一家，所以“诗中有画，画中有诗”。向来评论诗文以及小说戏曲，常说“神态逼真”，“情景逼真”，指的是描写或描画。写神态写情景写得活像，并非诉诸直接的感觉，跟“山石似马，望之逼真”以及“宁无画逼真”的直接诉诸视觉不一样，这是诉诸想像中的视觉的。宋朝梅尧臣说过“状难写之景，如在目前”，“如”字很确；这种“逼真”只是使人如见。可是向来也常说“口吻逼真”，写口气写得活像，是使人如闻，如闻其声。这些可以说是属于艺术模仿自然一类。向来又常说某人的诗“逼真老杜”，某人的文“逼真昌黎”，这是说在语汇，句法，声调，用意上，都活像，也就是在作风与作意上都活像，活像在默读或朗诵两家的作品，或全篇，或断句。这儿说是“神似老杜”“神似昌黎”也成，想像中的活像本来是可实可虚两面儿的。这是属于艺术模仿艺术一类。文学里的模仿，不论模仿的是自然或艺术，都和书画不相同；倒可以比建筑，经验是材料，想像是模仿的图样。

向来批评文学作品，还常说“神态如画”，“情景如画”，“口吻如画”，也指描写而言。上文“如画”的例句，都属于自然模仿艺术一类。这儿是说“写神态如画”，“写情景如画”，“写口吻如画”，可以说是属于艺术模仿自然一类。在这里“如画”的意义却简直和“逼真”是一样，想像的“逼真”和想像的“如画”在想像里合而为一了。这种“逼真”与“如画”都只是分明、具体、可感觉的意思，正是常识对于自然和艺术所要求的。可是说“景物如画”或“写景物如画”，却是例外。这儿“如画”的“画”，可以是北派山水，可以是南派山水，得看所评的诗文而定；若是北派，“如画”就只是匀称分明，若是南派，就是那诗的境界，都与“逼真”不能合一。不过传统的诗文里写景的地方并不很多，小说戏剧里尤其如此，写景而有境界的更少，因此王维的“诗中有画”才见得难能可贵，模仿起来不容易。他创始的“画中有诗”的文人画，却比那“诗中有画”的诗直接些，具体些，模仿的人很多，多到成为所谓南派。我们感到“如画”与“逼真”两个语好像矛盾，就由于这一派文人画的影响。不过这两个语原来既然都只是常识的评价标准，后来意义虽有改变，而除了“如画”在作为一种境界解释的时候变为玄心妙赏以外，也都还是常识的标准。这就可见我们的传统的对于自然和艺术的态度，一般的还是以常识为体，雅俗共赏为用的。那些“难可与俗人论”的，恐怕到底不是天下之达道罢。

（天津《民国日报》文艺副刊）

论书生的酸气

读书人又称书生。这固然是个可以骄傲的名字，如说“一介书生”，“书生本色”，都含有清高的意味。但是正因为清高，和现实脱了节，所以书生也是嘲讽的对象。人们常说“书呆子”“迂夫子”“腐儒”“学究”等，都是嘲讽书生的。“呆”是不明利害，“迂”是绕大弯儿，“腐”是顽固守旧，“学究”是指一孔之见。总之，都是知古不知今，知书不知人，食而不化的读死书或死读书，所以在现实生活里老是吃亏、误事、闹笑话。总之，书生的被嘲笑是在他们对于书的过分的执着上；过分的执着书，书就成了话柄了。

但是还有“寒酸”一个话语，也是形容书生的。“寒”是“寒素”，对“膏粱”而言，是魏晋南北朝分别门第的用语。“寒门”或“寒人”并不限于书生，武人也在里头；“寒士”才指书生。这“寒”指生活情形，指家世出身，并不关涉到书；单这个字也不含嘲讽的意味。加上“酸”字成为连语，就不同了，好像一副可怜相活现在眼前似的。“寒酸”似乎原作“酸寒”。韩愈《荐士》诗，“酸寒溧阳尉”，指的是孟郊；后来说“郊寒岛瘦”，孟郊和贾岛都是失意的人，作的也是失意诗。“寒”和“瘦”映衬起来，够可怜相的，但是韩愈说“酸寒”，似乎“酸”比“寒”重。可怜别人说“酸寒”，可怜自己也说“酸寒”，所以苏轼有“故人留饮慰酸寒”的诗句。陆游有“书生老瘦转酸寒”的诗句。“老瘦”固然可怜相，感激“故人留饮”也不免有点儿。范成大说“酸”是“书生气味”，但是他要“洗尽书生气味酸”，那大概是所谓“大丈夫不受人怜”罢？

为什么“酸”是“书生气味”呢？怎么样才是“酸”呢？话柄似乎还是在书上。我想这个“酸”原是指读书的声调说的。晋以来的清谈很注重说话的声调和读书的声调。说话注重音调和辞气，以朗畅为好。读书注重声调，从《世说新语·文学篇》所记殷仲堪的话可见；他说，“三日不读《道德经》，便觉舌本闲强”，说到舌头，可见注重发音，注重发音也就是注重声调。《任诞篇》又记王孝伯说“名士不必须奇才，但使常得无事，痛饮酒，熟读《离骚》，便可称名士”。这“熟读《离骚》”该也是高声朗诵，更可见当时风气。《豪爽篇》记“王司州（胡之）在谢公（安）坐，咏《离骚·九歌》‘入不言兮出不辞，乘回风兮载云旗’，语人云，‘当尔时，觉一坐无人。’”正是这种名士气的好例。读古人的书注重声调，读自己的诗自然更注重声调。《文学篇》记着袁宏的故事：

> 袁虎（宏小名虎）少贫，尝为人佣载运租。谢镇西经船行，其夜清风朗月，闻江渚间估客船上有咏诗声，甚有情致，所诵五言，又其所未尝闻，叹美不能已。即遣委曲讯问，乃是袁自咏其所作咏史诗。因此相要，大相赏得。

从此袁宏名誉大盛，可见朗诵关系之大。此外《世说新语》里记着“吟啸”，“啸咏”，“讽咏”，“讽诵”的还很多，大概也都是在朗诵古人的或自己的作品罢。

这里最可注意的是所谓“洛下书生咏”或简称“洛生咏”。《晋书·谢安传》说：

> 安本能为洛下书生咏。有鼻疾，故其音浊。名流爱其咏而弗能及，或手掩鼻以效之。

《世说新语·轻诋篇》却记着：

> 人问顾长康“何以不作洛生咏”？答曰，“何至作老婢声”！

刘孝标注，“洛下书生咏音重浊，故云‘老婢声’”。所谓“重浊”，似乎就是过分悲凉的意思。当时诵读的声调似乎以悲凉为主。王孝伯说“熟读《离骚》，便可称名士”，王胡之在谢安坐上咏的也是《离骚·九歌》，都是《楚辞》。当时诵读《楚辞》，大概还知道用楚声楚调，乐府曲调里也正有楚调，而楚声楚调向来是以悲凉为主的。当时的诵读大概受到和尚的梵诵或梵唱的影响很大，梵诵或梵唱主要的是长吟，就是所谓“咏”。《楚辞》本多长句，楚声楚调配合那长吟的梵调，相得益彰，更可以“咏”出悲凉的“情致”来。袁宏的咏史诗现存两首，第一首开始就是“周昌梗概臣”一句，“梗概”就是“慷慨”，“感慨”；“感慨悲歌”也是一种“书生本色”。沈约《宋书·谢灵运传论》所举的五言诗名句，钟嵘《诗品·序》里所举的五言诗名句和名篇，差不多都是些“慷慨悲歌”。《晋书》里还有一个故事。晋朝曹摅的《感旧诗》有“富贵他人合，贫贱亲戚离”两句。后来殷浩被废为老百姓，送他的心爱的外甥回朝，朗诵这两句，引起了身世之感，不觉泪下。这是悲凉的朗诵的确例。但是自己若是并无真实的悲哀，只去学时髦，捏着鼻子学那悲哀的“老婢声”的“洛生咏”，那就过了分，那也就是赵宋以来所谓“酸”了。

唐朝韩愈有《八月十五夜赠张功曹》诗，开头是：

> 纤云四卷天无河，
> 清风吹空月舒波。
> 沙平水息声影绝，
> 一杯相属君当歌。

接着说：

君歌声酸辞且苦，
不能听终泪如雨。

接着就是那“酸”而“苦”的歌辞：

洞庭连天九疑高，
蛟龙出没猩鼯号。
十生九死到官所，
幽居默默如藏逃。
下床畏蛇食畏药，
海气湿蛰熏腥臊。
昨者州前槌大鼓，
嗣皇继圣登夔皋。
赦书一日行万里，
罪从大辟皆除死。
迁者追回流者还，
涤瑕荡垢朝清班。
州家申名使家抑，
坎轲只得移荆蛮。
判司卑官不堪说，
未免捶楚尘埃间。
同时辈流多上道，
天路幽险难追攀！

张功曹是张署，和韩愈同被贬到边远的南方，顺宗即位，只奉命调到近一些的江陵做个小官儿，还不得回到长安去，因此有了这一番冤苦的话。这是张署的话，也是韩愈的话。但是诗里却接着说：

君歌且休听我歌，
我歌今与君殊科。

韩愈自己的歌只有三句：

一年明月今宵多，
人生由命非由他，
有酒不饮奈明何！

他说认命算了，还是喝酒赏月罢。这种达观其实只是苦情的伪装而已。前一段“歌”虽然辞苦声酸，倒是货真价实，并无过分之处。由那“声酸”知道吟诗的确有一种悲凉的声调，而所谓“歌”其实只是讽咏。大概汉朝以来不像春秋时代一样，士大夫已经不会唱歌，他们大多数是书生出身，就用讽咏或吟诵来代替唱歌。他们——尤其是失意的书生——的苦情就发泄在这种吟诵或朗诵里。

战国以来，唱歌似乎就以悲哀为主，这反映着动乱的时代。《列子·汤问篇》记秦青“抚节悲歌，声振林木，响遏行云”，又引秦青的话，说韩娥在齐国雍门地方“曼声哀哭，一里老幼悲愁垂涕相对，三日不食”，后来又“曼声长歌，一里老幼，善跃抃舞，弗能自禁”。这里说韩娥虽然能唱悲哀的歌，也能唱快乐的歌，但是和秦青自己独擅悲歌的故事合看，就知道还是悲歌为主。再加上齐国杞梁殖的妻子哭倒了城的故事，就是现在还在流行的孟姜女哭倒长城的故事，悲歌更为动人，是显然的。书生吟诵，声酸辞苦，正和悲歌一脉相传。但是声酸必须辞苦，辞苦又必须情苦；若是并无苦情，只有苦辞，甚至连苦辞也没有，只有那供人酸鼻的声调，那就过了分，不但不能动人，反要遭人嘲弄了。书生往往自命不凡，得意的自然有，却只是少数，失意的可太多了。所以总是叹老嗟卑，长歌当哭，哭丧着脸一副可怜相。朱子在《楚辞辩证》里说汉人那些模仿的作品“诗意平缓，意不深切，如无所疾痛而强为呻吟者”。“无所疾痛而强为呻吟”就是所谓“无病呻吟”。后来的叹老嗟卑也正是无病呻吟。有病呻吟是紧张的，可以得人同情，甚至叫人酸鼻；无病呻吟，病是装的，假的，呻吟也是装的，假的，假装可以酸鼻的呻吟，酸而不苦像是丑角扮戏，自然只能逗人笑了。

苏东坡有《赠诗僧道通》的诗：

> 雄豪而妙苦而腴，
> 只有琴聪与蜜殊。
> 语带烟霞从古少，
> 气含蔬笋到公无。
> ……

查慎行注引叶梦得《石林诗话》说：

> 近世僧学诗者极多，皆无超然自得之趣，往往掇拾摹仿士大夫所残弃，又自作一种体，格律尤俗，谓之“酸馅气”。子瞻……尝语人云，“颇解‘蔬笋’语否？为无‘酸馅气’也。”闻者无不失笑。

东坡说道通的诗没有“蔬笋”气，也就没有“酸馅气”，和尚修苦行，吃素，没有油水，可能比书生更“寒”更“瘦”；一味反映这种生活的诗，好像酸了的菜馒头的馅儿，干酸，吃不得，闻也闻不得，东坡好像是说，苦不妨苦，只要“苦而腴”，有点儿油水，就不至于那么扑鼻酸了。这酸气的“酸”还是从“声酸”来的。而所谓“书生气味酸”该就是指的这种“酸馅气”。和尚虽苦，出家人原可“超然自得”，却要学吟诗，就染上书生的酸气了。书生失意的固然多，可是叹老嗟卑的未必真的穷苦到他们嗟叹的那地步；倒是“常得无事”，就是“有闲”，有闲就无聊，无聊就作成他们的“无病呻吟”了。宋初西昆体的领袖杨亿讥笑杜甫是“村夫子”，大概就是嫌他叹老嗟卑的太多。但是杜甫“窃比稷与契”，嗟叹的其实是天下之大，决不止于自己的鸡虫得失。杨亿是个得意的人，未免忘其所以，才说出这样不公道的话。可是像陈师道的诗，叹老嗟卑，吟来吟去，只关一己，的确叫人腻味。这就落了套子，落了套子就不免有些“无病呻吟”，也就是有些“酸”了。

道学的兴起表示书生的地位加高，责任加重，他们更其自命不凡了，自嗟自叹也更多了。就是眼光如豆的真正的“村夫子”或“三家村学究”，也要哼哼唧唧的在人面前卖弄那背得的几句死书，来嗟叹一切，好搭起自己的读书人的空架子。鲁迅先生笔下的“孔乙己”，似乎是个更破落的读书人，然而“他对人说话，总是满口之乎者也，教人半懂不懂的”。人家说他偷书，他却争辩着，“窃书不能算偷……窃书！……读书人的事，能算偷么?”“接连便是难懂的话，什么‘君子固穷’，什么‘者乎’之类，引得众人都哄笑起来。”孩子们看着他的茴香豆的碟子，

> 孔乙己着了慌，伸开五指将碟子罩住，弯下腰去说道，“不多了，我已经不多了。”直起身又看一看豆，自己摇头说，“不多不多！‘多乎哉？不多也。’”于是这一群孩子都在笑声里走散了。

破落到这个地步，却还只能“满口之乎者也”，和现实的人民隔得老远的，“酸”到这地步真是可笑又可怜了。“书生本色”虽然有时是可敬的，然而他的酸气总是可笑又可怜的。最足以表现这种酸气的典型，似乎是戏台上的文小生，尤其是昆曲里的文小生，那哼哼唧唧、扭扭捏捏、摇摇摆摆的调调儿，真够“酸”的！这种典型自然不免夸张些，可是许差不离儿罢。

向来说“寒酸”“穷酸”，似乎酸气老聚在失意的书生身上。得意之后，见多识广，加上“一行作吏，此事便废”，那时就会不再执着在书上，

至少不至于过分的执着在书上，那“酸气味”是可以多多少少“洗”掉的。而失意的书生也并非都有酸气。他们可以看得开些，所谓达观，但是达观也不易，往往只是伪装。他们可以看远大些，“梗概而多气”是雄风豪气，不是酸气。至于近代的知识分子，让时代逼得不能读死书或死读书，因此也就不再执着那些古书。文言渐渐改了白话，吟诵用不上了；代替吟诵的是又分又合的朗诵和唱歌。最重要的是他们看清楚了自己，自己是在人民之中，不能再自命不凡了。他们虽然还有些闲，可是要“常得无事”却也不易。他们渐渐丢了那空架子，脚踏实地向前走去。早些时还不免带着感伤的气分，自爱自怜，一把眼泪一把鼻涕的；这也算是酸气，虽然念诵的不是古书而是洋书。可是这几年时代逼得更紧了，大家只得抹干了鼻涕眼泪走上前去。这才真是“洗尽书生气味酸”了。

（《世纪评论》）

论朗诵诗

战前已经有诗歌朗诵，目的在乎试验新诗或白话诗的音节，看看新诗是否有它自己的音节，不因袭旧诗而确又和白话散文不同的音节，并且看看新诗的音节怎样才算是好。这个朗诵运动虽然提倡了多年，可是并没有展开；新诗的音节是在一般写作和诵读里试验着。试验的结果似乎是向着匀整一路走，至于怎样才算好，得一首一首诗的看，看那感情和思想跟音节是否配合得恰当，是否打成一片，不漏缝儿，这就是所谓“相体裁衣”。这种结果的获得虽然不靠朗诵运动，可是得靠诵读。诵读是独自一个人默读或朗诵，或者向一些朋友朗诵。这跟朗诵运动的朗诵不同，那朗诵或者是广播，或者是在大庭广众之中。过去的新诗有一点还跟旧诗一样，就是出发点主要的是个人，所以只可以“娱独坐”，不能够“悦众耳”，就是只能诉诸自己或一些朋友，不能诉诸群众。战前诗歌朗诵运动所以不能展开，我想根由就在这里。而抗战以来的朗诵运动，不但广大的展开，并且产生了独立的朗诵诗，转捩点也在这里。

抗战以来的朗诵运动起于迫切的实际的需要——需要宣传，需要教育广大的群众。这朗诵运动虽然以诗歌为主，却不限于诗歌，也朗诵散文和戏剧的对话；只要能够获得朗诵的效果，什么都成。假如战前的诗歌朗诵运动可以说是艺术教育，这却是政治教育。政治教育的对象不用说比艺术教育的广大得多，所以教材也得杂样儿的；这时期的朗诵会有时还带歌唱。抗战初期的朗诵有时候也用广播，但是我们的广播事业太不发达，这种朗诵的广播，恐怕听的人太少了；所以后来就直接诉诸集会的群众。朗诵的诗歌大概一部分用民间形式写成，在旧瓶里装上新酒，一部分是抗战的新作；一方面更有人用简单的文字试作专供朗诵的诗，当然也是抗战的诗，政治性的诗，于是乎有了“朗诵诗”这个名目。不过这个名目将“诗”限在“朗诵”上，并且也限在政治性上，似乎太狭窄了，一般人不愿意接受它。可是朗诵运动越来越快的发展了，诗歌朗诵越来越多了，效果也显著起来了，朗诵诗开始向公众要求它的地位。于是乎来了论争，论争的焦点是在诗的政治性上。笔者却以为焦点似乎应该放在朗诵诗的独立的地位或独占的地位上；笔者以为朗诵诗应该有独立的地位，不应该有独占的地位。

笔者过去也怀疑朗诵诗，觉得看来不是诗，至少不像诗，不像我们读过的那些诗，甚至于可以说不像我们有过的那些诗。对的，朗诵诗的确不是那些诗。它看来往往只是一些抽象的道理，就是有些形象，也不够说是形象化；这只是宣传的工具，而不是本身完整的艺术品。照传统的看法，这的确不能算是诗。可是参加了几回朗诵会，听了许多朗诵，开始觉得听的诗歌跟看的诗歌确有不同之处；有时候同一首诗看起来并不觉得好，听起来却觉得很好。笔者这里想到的是艾青先生的《大堰河》（他的乳母的名字）；自己多年前看过这首诗，并没有注意它，可是在三十四年昆明西南联大的五四周朗诵晚会上听到闻一多先生朗诵这首诗，从他的抑扬顿挫里体会了那深刻的情调，一种对于母性的不幸的人的爱。会场里上千的听众也都体会到这种情调，从当场热烈的掌声以及笔者后来跟在场的人的讨论可以证实。这似乎是那晚上最精彩的节目之一。还有一个节目是新中国剧社的李先生朗诵庄涌先生《我的实业计划》那首讽刺诗。这首诗笔者也看到过，看的时候我觉得它写得好，抓得住一些大关目，又严肃而不轻浮。听到那洪钟般的朗诵，更有沉着痛快之感。笔者那时特别注意《大堰河》那一首，想来想去，觉得是闻先生有效的戏剧化了这首诗，他的演剧的才能给这首诗增加了些新东西，它是在他的朗诵里才完整起来的。

后来渐渐觉得，似乎适于朗诵的诗或专供朗诵的诗，大多数是在朗诵里才能见出完整来的。这种朗诵诗大多数只活在听觉里，群众的听觉里；独自看起来或在沙龙里念起来，就觉得不是过火，就是散漫，平淡，没味儿。对的，看起来不是诗，至少不像诗，可是在集会的群众里朗诵出来，就确乎是诗。这是一种听的诗，是新诗中的新诗。它跟古代的听的诗又不一样。那些诗是唱的，唱的是英雄和美人，歌手们唱，贵族们听，是伺候贵族们的玩意儿。朗诵诗可不伺候谁，只是沉着痛快的说出大家要说的话，听的是有话要说的一群人。朗诵诗虽然近乎戏剧的对话，可又不相同。对话是剧中人在对话，只间接的诉诸听众，而那种听众是悠闲的，散漫的。朗诵诗却直接诉诸紧张的、集中的听众。不过朗诵的确得注重声调和表情，朗诵诗的确得是戏剧化的诗，不然就跟演讲没有分别，就真不是诗了。

朗诵诗是群众的诗，是集体的诗。写作者虽然是个人，可是他的出发点是群众，他只是群众的代言人。他的作品得在群众当中朗诵出来，得在群众的紧张的集中的氛围里成长。那诗稿以及朗诵者的声调和表情，固然都是重要的契机，但是更重要的是那氛围，脱离了那氛围，朗诵诗就不能成其为诗。朗诵诗要能够表达出来大家的憎恨、喜爱、需要和愿望；它表达这些情感，不是在平静的回忆之中，而是在紧张的集中的现场，它给群众打气，强调那现场。有些批评家认为文艺是态度的表示，表示行动的态度而归于平衡或平静；诗出于个人的沉思而归于个人的沉思，所以跟实生活保持着相当的距离，创作和欣赏都得在这相当的距离之外。所谓“怨而不怒”，“乐而不淫”，“哀而不伤”，所谓“温柔敦厚”以及“无关心”的态度，都从这个相当的距离生出来。有了这个相当的距离，就不去计较利害，所以有“诗失之愚”的话。朗诵诗正要揭破这个愚，它不止于表示态度，却更进一步要求行动或者工作。行动或工作没有平静与平衡，也就没有了距离；朗诵诗直接与实生活接触，它是宣传的工具，战斗的武器，而宣传与战斗正是行动或者工作。玛耶可夫斯基论诗说得好：

照我们说
　　韵律——
　　　大桶，
炸药桶。
　　一小行——
　　　导火线。
大行冒烟，
　　小行爆发。
　　……

这正是朗诵诗的力量，它活在行动里，在行动里完整，在行动里完成。这也是朗诵诗之所以为新诗中的新诗。

宣传是朗诵诗的任务，它讽刺，批评，鼓励行动或者工作。它有时候形象化，但是主要的在运用赤裸裸的抽象的语言；这不是文绉绉的拖泥带水的语言，而是沉着痛快的，充满了辣味和火气的语言。这是口语，是对话，是直接向听的人说的。得去听，参加集会，走进群众里去听，才能接受它，至少才能了解它。单是看写出来的诗，会觉得咄咄逼人，野气，火气，教训气；可是走进群众里去听，听上几回就会不觉得这些了。再说朗诵诗是对话，或者三言两语，或者长篇大套；前一种像标语口号，看起来简单得没味儿，后一种又好像啰嗦得没味儿。其实味儿是有，却是在朗诵和大家听里。笔者六月间曾在教室里和同学们讨论过一位何达同学写的两首诗，我念给他们听。第一首是《我们开会》：

我们开会
我们的视线
像车辐
　　集中在一个轴心

我们开会
我们的背
都向外
　　砌成一座堡垒
我们开会
我们的灵魂
紧紧的
　　拧成一根巨绳

面对着
共同的命运
我们开着会
　　就变成一个巨人

这一首写在三十三年六月里，另一首《不怕死——怕讨论》写在今年六月三日，“六二”的后一日：

我们不怕死
可是我们怕讨论

我们的情绪非常热烈
谁要是叫我们冷静的想一想
我们就嘶他通他
我们就大声地喊
　　滚你妈的蛋
无耻的阴谋家

难道你们不知道
我们只有情绪
我们全靠情绪
决不能用理智
　　压低我们的情绪

可是朋友们
我们这样可不行啊
我们不怕死
我们也不应该怕讨论
要民主——我们就得讨论
要战斗——我们也得讨论
我们不怕死
我们也不怕讨论

一班十几个人喜欢第一首的和喜欢第二首的各占一半。前者说第一首形象化，“结构严紧”，而第二首只“是平铺直叙的说出来”。后者说第二首“自然而完整”，“能在不多的几句话里很清楚的说出为什么不怕死也不怕讨论来”，第一首却“只写出了很少的一点，并未能很具体的写出开会的情形”；又说“在朗诵的效果上”，第二首要比第一首大。笔者没有练习过朗诵，那回只是教学上的诵读；要真是在群众里朗诵，那结果也许会向第二首一面倒罢。因为笔者在独自看的时候原也喜欢第一首，可是一经在教室里诵读，就觉得第二首有劲儿，想来朗诵起来更会如此的。“结构严紧”，回环往复的写出“很少的一点”，让人仔细吟味，原是诗之所以为诗，不过那是看的诗。朗诵诗的听众没有那份耐性，也没有那样工夫，他们要求沉着痛快，要求动力——形象化当然也好，可是要动的形象，如“炸药桶”“导火线”；静的形象如“轴心”“堡垒”“巨绳”，似乎不够劲儿。

“自然而完整”，就是艺术品了；可是说时容易做时难。朗诵诗得是一种对话或报告，诉诸群众，这才直接，才亲切自然。但是这对话得干脆，句逗不能长，并且得相当匀整，太参差了就成演讲，太整齐却也不自然。话得选择，像戏剧的对话一样的严加剪裁；这中间得留地步给朗诵人，让他用他的声调和表情，配合群众的氛围，完整起来那写下的诗稿——这也就是集中。剧本在演出里才完成，朗诵诗也在朗诵里才完成。这种诗往往看来嫌长，可是朗诵起来并不长；因为看是在空间里，听是在时间里。笔者亲身的经验可以证实。前不久在北大举行的一个诗歌晚会里听到朗诵《米啊，你在那里?》那首诗，大家都觉得效果很好。这首诗够长的，看了起来也许会觉得啰嗦罢。可是朗诵诗也有时候看来很短，像标语口号，不够诗味儿，放在时间里又怎么样呢？我想还是成，就因为像标语口号才成；标语口号就是短小精悍才得劲儿。不过这种短小的诗，朗诵的时候得多多的顿挫，来占取时间，发挥那一词一语里含蓄着的力量。请看田间先生这一首《鞋子》：

回去，
告诉你的女人：

要大家
　　来做鞋子。

像战士脚上穿的
　　结实而大。

好翻山呀，
　　好打仗呀。

诗行的短正表示顿挫的多。这些都是专供朗诵的诗。有些诗并非专供朗诵，却也适于朗诵，那就得靠朗诵的经验去选择。例如上文说过的庄涌先生的《我的实业计划》，也整齐，也参差，看起来也不长，自然而完整，听起来更得劲儿。这种看和听的一致，似乎是不常有的例子。艾青先生的《大堰河》主要的是对话，看起来似乎长些，可是闻先生朗诵起来，特别是那末尾几行的低抑的声调，能够表达出看的时候看不出的一些情感，这就不觉得长而成为一首自然而完整的诗。朗诵诗还要求严肃，严肃与工作。所以用熟滑的民间形式来写，往往显得轻浮，效果也就不大。这里想到孔子曾以“无邪”论诗，强调诗的政教作用；那“无邪”就是严肃，政教作用就是效果，也就是“行事”或者工作。不过他那时以士大夫的“行事”或者工作为目标，现代是以不幸的大众的行动或者工作为目标，这是不同的。

就在北大那回诗歌晚会散场之后，有一位朋友和笔者讨论。他承认朗诵诗的效用，但是觉得这也许只是当前这个时代需要的诗，不像别种诗可以永久存在下去。笔者却以为配合着工业化，生活的集体化恐怕是自然的趋势。美国诗人麦克里希在《诗与公众世界》一文（一九三九）里指出现在“私有世界”和“公众世界”已经渐渐打通，政治生活已经变成私人生活的部分；那就是说私人生活是不能脱离政治的。集体化似乎不会限于这个动乱的时代，这趋势将要延续下去，发展下去，虽然在各时代各地域的方式也许不一样。那么，朗诵诗也会跟着延续下去，发展下去，存在下去——正和杂文一样。美国也已经有了朗诵诗，一九四四年出的达文鲍特的《我的国家》（有杨周翰先生译本）那首长诗，就专为朗诵而作；那里面强调“一切人是一个人”，“此处的自由就是各处的自由”，这就是威尔基所鼓吹的“四海一家”。照这样看，朗诵诗的独立的地位该是稳定了的。但是有些人似乎还要进一步给它争取独占的地位；那就是只让朗诵诗存在，只认朗诵诗是诗。笔者却不能够赞成这种“罢黜百家”的作风；即使会有这一个时期，相信诗国终于不会那么狭小的。

（《观察》）

美国的朗诵诗

前些日子有一位朋友来谈起朗诵诗。他说朗诵诗该是特别为朗诵而作的诗。一般的诗有些或许也能朗诵，但是多数只为了阅读，朗诵起来人家听不懂；将原诗写出来或印出来，让人家一面看一面听，有些人可以懂，但大众还是不成。而朗诵诗原是要诉诸大众的，所以得特别写作——题材，语汇，声调，都得经过一番特别的选择。近来读到《纽约时报·书评》（一九四四年十月二十二日）里多那德·亚丹的《书话》，论及广播诗剧的发展，说这种诗剧总要教广大的听众听得懂；这也许会影响一般印刷的诗，教作者多注重声调，少注重形象。他说形象往往太复杂，并且往往太个人的，而听的时候耳朵是不能停下细想的。但他并不主张消灭印刷的诗，他觉得两者可以并存。广播自然是朗诵，在我国也试过多次。合看这两段话，可以明了朗诵诗的发展是一般趋势，也可以明了朗诵诗发展的道路。

亚丹的话不错，罗素·惠勒·达文鲍特（Russell W. Davenport）的长诗《我的国家》便是证据。这篇印刷的诗是准备朗诵的。据美国《时代周刊》（一九四四年十月三十日）的记载，去年九月间一个晚上，纽约曼哈顿地方有一个读诗盛会，到场的四十人都是出版家，编辑人，批评家，诗人，以及一些爱诗的人，他们听达文鲍特第一次正式读他多少年来的第一篇诗《我的国家》这篇六十二面的长诗。达文鲍特始终能够抓住他的听众，他的诗无疑的对这些第一回的听者发生了效用。大家有一个很深的印象，觉得这篇诗是企图用美国民众的普通语言，将诗带回给民众，让他们懂。——《生活》杂志（一九四四年十一月二十七日）说这诗集出版是在十月。

达文鲍特今年四十五岁，是一家钢铁公司副理的儿子，在第一次世界大战里得过两回十字勋章。他作过十年诗；后来加入新闻界，却十四年没有作诗。所以说《我的国家》是他多少年来的第一篇诗。他做过《幸运》杂志跟《生活》杂志的编辑，现在离开了新闻界，做一个自由作家。他是故威尔基先生的最热心的信徒之一，一九四〇年曾帮助他竞选总统。《纽约时报·书评》（一九四四年十一月五日）有《美国使命的一篇诗》一文，是评《我的国家》的，其中说到威尔基先生相信民主应该负起世界的责任，不然民主便会死亡，相信自由的体系和奴隶的体系不能并存；而达文鲍特将这些观念翻译成诗。文中说人们在这时代正热烈的想着过去的遗产，现在的悲剧，将来的战斗；在这重要关头正需要一种高贵的情感的鼓舞。达文鲍特见到了这里，他的诗“叫我们一面想一面感，叫我们放眼众山顶上，探求心的深处，听取永存的命运的脉搏”。

《我的国家》原书这里还没有见到，只从上文提过的《生活》杂志，《时代周刊》《纽约时报·书评》里读到一部分，《生活》杂志里是选录，不是引证，最详。下文成段的翻译除一段外，都取材于这里。这里说“本诗是作来朗诵的”。诗中大部分有韵，一部分无韵，一部分用口语。《时代周刊》说本诗谐和易诵，就是口语部分，也有严肃味。下文的翻译用韵与否，全依原诗。全诗开篇称颂美国是自由的家：

　　美国不是安逸的地方。
我们不停的从动作产生
英雄的壁画和英雄的歌唱。
我们还未将精神帝国造成，

还没有在坟墓里发射光辉；
但我们这冒险的出汗的子孙，
尊敬迅速、强健、自由和勇气——
这种心，它的思想跟着手走——
这些人，暴怒着解放了奴隶，
征服那处女地，教命运低头。
我们是动的物件的建筑家，
继承那“沙马堪”尖塔的成就——
锅炉，钢条，螺旋桨，轮翼，其他，
用来奔，飞，俯冲，听我们命令；
从这当中自由的烈风讙哗。
美国不是休息的国境。

美国人“是动作的，愿望的人”。

　　然而自由不是那般
秀丽而优雅的情调；
它的发育像战斗一样难，
那么粗鲁，又那么烦躁，
为的参加这时代的实际斗争。
自由，它只是思想高深，
血肉却是“不和”与械斗所造；
这民族心肠硬，本领大：
欺诈，劳工暴动，性，罪行，
大家的意志明敲暗打——
波涛的冲突毁灭了自己；
诡计
　　斜睨

　　　　低声的图谋
眨眨眼
　　　架子上手枪一支：
这些事现眼
　　　　怕人
　　　　　　人相杀……

自由神可以引起恐惧与怨恨。它产生种种物品（“光亮的机器，可爱的，光亮的，教人难信的机器”），却说不出为什么来。于是乎引起了“否定”的信仰：

　　我们看见了“无有”：
我们见了它，见了
“无有”——它的面……
听见了它宣布
“怨恨”的新秩序，
那没有神的新秩序。
（本段见《纽约时报·书评》）

人们原来假定进步无穷，而且无苦无难，这一混乱可丧了气。“现在我们知道坏了事，自由害了人。”

说到这里，诗人就问为什么美国伟大的成就不能给她的人民带来神的和平呢？他于是将美国跟她的战死者对照，要发现他们是为了什么死的？这一章用的是流利的口语。《纽约时报·书评》以为更有诗意。这儿战死者拉里的老师说道：

　　我不知道他怎么死的；但是我想他
是冲上前去，像在我们纪念球场上一样，

　　我想他是凭着他那惊人的信心
冲上前去；我想一定是
这样，拿出了他所有的一切：

　　他是个很大方的孩子。
　　在我这方面我要说我相信拉里
为一个道理，为一个原因而死，

　　我相信他为自由而死。
不信他除了敌人还会想到别的。

　　我准知道他若在狐穴里
曾想到自由，那决不是我们
这儿从书里知道的自由。

　　他想到自由的时候，他想到
你们这班朋友坐在这儿；

　　他想到我们这城市，我们的生活，
我们的游戏，我们吃的好东西，
我们大家共有的光明的希望：

　　我不是说他曾想到自由——我
我准知道这是拉里的自由的观念。

这位老师告诉他那些学生，这种自由生活是经过多少艰苦才得来的。
　　他说：

拉里将球传给你们了，别让他吃亏！
接了它！抱紧它！向前进！带着跑！

这就暗示新的信仰的产生了。

于是达文鲍特指出美国战士在世界上各处都是为了人类自由的理想而死。他要美国利用那伟大的资源和伟大的才力来达成自由民主的民族的世界集团，所谓“四海一家”。这是替代了那“否定的信仰”的新信仰，从战死者产生：

海岸上僵直的白十字架画出
永恒的图案。
睡眠的队伍永远安排在静默里，
人们的生命只剩下些号码，
异国的风吹到海滩上，抚摸着
倒下的远国的人们的儿孙：
这儿，自由的意义和真理终于
开了封，现在各国人的眼前；
这儿，死掩没了种种记忆：
迈恩，奈勃拉斯加，
沙漠中红印度人的火，有胡子的活橡树，
德克色斯州的风吹草动，
到学校和教堂去的灰土道。
还有，这些也都掩没了，像溪流一般——
牧场，果园，法院，银行，店铺，铁路，工厂，
记忆中的人面，跟分别时热烈的嘴唇，
跟像阳光照在神经上似的手，
跟隔着重洋的人垂在肩上的头发。

这儿，凭着自由的名字一切聚集起来，
种种不联合的目的成功圆满的一家——
一切人都是弟兄，在死的怀抱里；
这些人活着时决没有晓得他们是弟兄。
愿望自由的人们请读这开了封的消息——
你们彼此斗争着的千百万人
请打开坟墓看看从土中
挖起来的自由的秘密：
在血肉的幕后，十字架的底下，
有一个一切人的弟兄；一切人是一个人。

接着是较多的形象化的一段，强调上一段的意思。

就像在夜里，
美国众山上吹起一阵清风，
土地的气味从秘密的地方放出，
雾气罩在山谷上，严肃的群星
聚会着，好像选出的代表
在我们头上代表自由的思想：
就像这样，那些青年人出了坟墓，
回到我们的心里，犹如我们自己的影子；
他们又成了形，有了生命，好像月光
靠着那虬枝怪干的白橡林成了形——
靠着那些小河变了色，像白银一般，
他们重新住到他们不能住的土地上。
这样我们就能在死者的弟兄情分里
看见一切熟悉这土地，爱好这土地的人……

这种团结的愿望的象征是美国国旗，“这面旗表出美国是自由的纪念碑”。而这种愿望的根苗是那简单的，和平的美国人家：

美国活在她的简单的家屋：
风吹日晒的门扇，古老的紫藤，
雄鸡游走的晒谷场，灰尘仆仆，
榆，橡，松，这些树都习见习闻：
家具为的舒服，不为的好看，
人名无非里克，彼得，加罗林，
靠得住的街坊，靠得住的书刊，
还有，和平，希望，跟机会。
美国将妈妈当做命，她做饭，
透亮的炉子，做她的拿手菜，
和果酱，蛋糕，无数的苹果饼。
美国爸爸是家长，用倦眼来
读星期日的报纸，十分详尽；
美国爱狗，爱孩子们呼啸着
从学校回家；学校是一面镜，
历史上金字塔的影隐约着。
美国总活在这些事物当中，
即使在黑夜，暗香吹着，虫叫着，
平原像漆黑可怕的湖水溶溶，
让美国灯光的明窗围护，
那时人家里的枫树趁着风
耙似的推着明星越夜空西去。
美国孩子不论远向何方
冒险，去死，在她眼不见的地步，
这些无名的照耀着的小窗

总照耀着这不相信的人类；
要教地上一切人民都在想
自由的目的地，那强固的堡垒——
不是和平，不是休息，不是优游——
只是胆敢面对民主的真理：
自由不可限制，要大家都有，
此处的自由就是各处的自由。

“此处的自由就是各处的自由”，是世界主义者的歌。《纽约时报·书评》所谓“美国的使命”也是这意思。

《书评》里说诗人“要将美国的高大的影子，那先锋的影子，林肯的影子，投射到边界外，领海外去”。——说“他明白若不勇敢而大方的鼓吹人们都是弟兄，他自己的地上会长不成花草，他自己的榆树和枫树会遭遇永久的秋天，他自己的屋顶会教最近一次大风雪吹了去，他的炉边会只剩一堆碎石，教他再做不成好梦”。——说这篇诗出现得正是时候，比顿巴吞橡树的建议要美丽些，热烈些。“我们需要战车和重炮，也一样需要诗歌与信仰。一种情感教人的脉跳得像打鼓，教人的眼花得像起雾，也许并不是妇人之仁——也许倒是世界上最有力，最有用的东西。”另一期《周刊》（一九四四年十二月十八日）却嫌诗里有过火的地方。那儿说《我的国家》已经印了三万本，就诗集而论，实在是惊人的数目。

（《时与潮文艺》）

常识的诗

近来读到美国多罗色·巴克尔夫人（Dorothy Parker）的诗文选集，一九四四年出版，我特别注意她的诗。这集子有英国老小说家兼戏剧家毛拇（W. Somerset Maugham）给作的导言。导言中说她的常识使她的诗有独具的、特殊的风味，说靠着常识我们才能容忍这不定的、无理的、粗糙的、短暂的生活，并且觉得有意思。说“她无论怎样抒写自己，无论怎样高飞远举，她总用常识的金链子下锚在这悬空的世界里”。这就是说她的眼不但看着自己，并且老在看着别人。她对生活中的小事物发生情感；小事物在生活过程里正也占着重要的部分。她的诗反映着她自己，她的多样而完整的人格——她的苦痛，她的欢笑，她的温柔，她的美感，她的粗鄙，她的常识。毛拇说“这种种情性，我们大家也都有，僧正和老政治家例外；但她的更高明，更集中。所以读她一首诗就像倒拿着望远镜看她”，那么远，那么小，可又那么清朗。

她的诗的清朗是独具的，特殊的。诗都短，寥寥的几句日常的语言，简直像会话。所以容易懂，不像一般近代诗要去苦思。诗都有格律，可是读来不觉，只觉自然如话。这个“自然”是从追琢中来，见得技术的完整。短而完整是她的诗，所以幽默有深味。有深味也有深愁，可是她看开了，所以读起来倒只觉得新鲜似的。你也许会说她是玩世派，你也许会说玩世派哼鼻子，抽肩膀，跟伤感派抹眼泪，揩鼻涕一样，都只取快一时，过了就算了。可是巴克尔夫人似乎不止冷眼旁观，她也认真的从小事物里触着了这时代的运命。导言里记下她送给毛拇的一首诗：

我的白母鸡糊涂惯：
她老给绅士们生蛋。
你不能用绳用枪去威逼
她过来供给无产阶级。

指的是毛拇，也有几分自道罢？总而言之，她于幽默的比喻中认真的触着了这时代的问题了。在这时代，早也罢，晚也罢，谁也得触着这问题的。

这里选择她的诗十一首，以见一斑。七首载在《足够的绳子》一卷中，四首载在《落日炮》一卷中；有些可以说是她的两性观，有些可以说是她的人生观。译文照原作用韵：

或人的歌

这是我的誓愿：
他会将我的心占有保持；
我们会甜蜜的翻身而睡，
年年岁岁一般。
计时的沙漏会迅速漏沙；
爱情却不会和沙子并家；
他也就是我，我也就是他：
这是我的誓愿。

这是我的祈祷：
教他长时在我身边温存；
教他想起我来得意忘形，

日日这般到老；
教我忘记了旧时的困苦；
让我，为求取我们的幸福，
我的爱要比起他的不如：
这是我的祈祷。

这是我的心得：
情人的誓言淡得像雨水：
爱情是苦痛的先驱护卫——
但愿所言不实！
我的心永远是如饥如渴，
我的爱永远是如怨如慕；
他这样负心人不止一个：
这是我的心得。

总　账

剃刀教你们伤脸；
河水沾衣濡足；
酸类给你们留瘢；
药物抽筋张脉。

枪弹不懂规矩；
圈套在开着等人；
煤气刺鼻欲吐；
你们还照样生存。

老兵

想当年我年轻，勇敢，强壮，

是就是，非就非，丝毫不让！
我羽毛飘举，我旗帜展开，
我骑马游行，矫正这世界。
“你们一群狗，出来，打！”我说，
可惜人只能死一回，我哭。

但我老了；好事坏事无数
混乱的织成功一幅花布。
我坐下说，“世界就是这般；
听其自然，才是聪明独擅。
胜一场，败一场，兵家常事，
好孩子，这中间很少差异。”

惰性勒住我，还在播弄我；
这玩意儿，据人说就叫哲学。

某女士

啊，我能为你笑，偏着头颈，
　　热烈的吞咽你的话如风，
我能为你涂芬芳的红唇，
　　用熟练的指尖摸你眉峰。
你演述你的恋爱史给我，
　　啊，我大笑称奇，出眼水，
你也大笑，你却不能看出
　　我的心小死了几千百次。
你会相信，我也知道我像
　　愉快的清晨，白雪的照耀；
我心里一切的挣扎来往，

你决不会知道。

啊，我遇见你，能欢笑静听，
　　你带来新鲜的探险逸话——
说那不检点的微妙女人，
　　说那手的温存，耳语唧喳。
你高兴我，放开喉咙用力
　　高唱你新相知的叙事歌。
你就要我——惊奇、愉快、老实，
　　却看不出我的眼像星河。
等到你找新知去而不回，
　　啊，我能吻你，一般的热闹。
我爱，你去后我有何更改，
　　你决不会知道。

观察

如果我不绕着公园跑车，
我准知道可以做些工夫。
如果我每晚十点钟上床，
我可以恢复旧日的容光。
如果我不去顽儿什么的，
我大概已经有了点样子；
可是我就爱上现在这般，
因为我看来一切不相干。

两性观

女人要一夫一妻；
男人偏喜欢新奇。

爱情是女人的日月；
男人有别样的花色。
女人跟她丈夫过一生；
男人数上十下就头疼。
总起来说既这般如此，
天下还会有什么好事？

卧室铭

破了晓又是一天；
我得起来了些愿，
虽然穿衣、吃喝，
也在动手动脚，
东学几分，西学几分，
有哭有笑，出力，骂人，
听个歌，看回戏，
纸上写几个字，
认仇人不然交朋友——
到了儿却教床等我。

虽然自尊也自振，
回床却好像宿命。
虽然忧思徘徊，
床却不得不归。
不论扬眉是低首，
日子都归到床头。
起来、出去、前行。
总非回床不成，
春夏秋冬这四季——

起来简直是傻气!

不治之症

如果我的心着火受了伤,
这倒安全些,凭经验估量;
也会平静些,要是我相信
恋爱的道路决不会翻新——
你的恋爱教你痴呆糊涂,
其实热爱向来依样葫芦;
我会快乐些,要是用心看
一个吻正和别个吻一般。
矢口的誓辞,悦耳的名号,
当年海伦走就用这一套;
沉重的心胸,折磨的忧郁,
当年法盎逃也是这一局。
唉唉,虽然惨,可一点不假,
天下的男人他们是一家;
那有女孩子敢这样开口
叫她的爱人和她长相守?
虽然试他时他鼓起勇气,
说如果变心就不得好死,
他依然像别个有始无终。
可是你,我的人,与众不同。

圣　地

我的地方没有人饶舌可嫌;
　　低低的云挨着那山腰,
空气甜新,带着黑烟舒卷,

那些烧着的是我的桥。

苹果树

头回我们看见这苹果树
　　枝条濯濯，直而发灰；
可是我们简直无忧无虑，
虽然春天姗姗其来。

末后我和这棵树分了手，
　　枝条挂着果实沉沉；
可是我更无余力哀愁
夏天的死，年纪轻轻。

中夜

星星近得像花，也软得像花，
　　众山如网，用影子缓缓织成；
这里没有片叶片草分了家——
　　一切合为一份。
月明无线，太空不分家，蓝光
　　宝石般懒懒滚转，悠然而息。
这整夜无一物有刺有芒，
除开我的心迹。

（《文聚》，三十四年）

诗与话

胡适之先生说过宋诗的好处在“做诗如说话”，他开创白话诗，就是要更进一步的做到“做诗如说话”。这“做诗如说话”大概就是说，诗要明白如话。这一步胡先生自己是做到了，初期的白话诗人也多多少少的做到了。可是后来的白话诗越来越不像说话，到了受英美近代诗的影响的作品而达到极度。于是有朗诵诗运动，重新强调诗要明白如话，朗诵出来大家懂。不过胡先生说的“如说话”，只是看起来如此，朗诵诗也只是又进了一步做到朗诵起来像说话，都还不像日常嘴里说的话。陆志韦先生却要诗说出来像日常嘴里说的话。他的《再谈谈白话诗的用韵》（见燕京大学新诗社主编的《创世曲》）的末尾说：

> 我最希望的，写白话诗的人先说白话，写白话，研究白话。写的是不是诗倒还在其次。

这篇文章开头就提到他的《杂样的五拍诗》，那发表在《文学杂志》二卷四期里，是用北平话写出的。要像日常嘴里说的话，自然非用一种方言不可。陆先生选了北平话，是因为赵元任先生说过“北平话的重音的配备最像英文不过”，而“五拍诗”也就是“无韵体”，陆先生是“要摹仿沙士比亚的神韵”。

陆先生是最早的系统的试验白话诗的音节的诗人，试验的结果有本诗叫做《渡河》，出版在民国十二年。记得那时他已经在试验无韵体了。以后有意的试验种种西洋诗体的，要数徐志摩和卞之琳两位先生。这里要特别提出徐先生，他用北平话写了好些无韵体的诗，大概真的在摹仿沙士比亚。在笔者看来是相当成功的，又用北平话写了好些别的诗，也够味儿。他的散文也在参用着北平话。他是浙江硖石人，集子里有硖石方言的诗，够道地的。他笔底下的北平话也许没有本乡话道地，不过活泼自然，而不难懂。他的北平话大概像陆先生在《用韵》那篇文里说的，“是跟老百姓学”的，可是学的只是说话的腔调，他说的多半还是知识分子自己的话。陆先生的五拍诗里的北平话，更看得出“是跟老百姓学”的，因为用的老百姓的词汇更多，更道地了。可是他说的更只是自己的话。他的五拍诗限定六行，与无韵体究竟不一样。这“是用国语写的”，“得用国语来念”，陆先生并且“把重音圈出来”，指示读者该怎样念。这一点也许算得是在“摹仿沙士比亚”的无韵体罢。可是这二十三首诗，每首像一个七巧图，明明是英美近代诗的作风，说是摹仿近代诗的神韵，也许更确切些。

近代诗的七巧图，在作者固然费心思，读者更得费心思，所以“晦涩”是免不了的。陆先生这些诗虽然用着老百姓的北平话的腔调，甚至有些词汇也是老百姓的，可并不能够明白如话，更不像日常嘴里说的话。他在《用韵》那篇文里说“罚咒以后不再写那样的诗”，“因为太难写”，在《杂样的五拍诗》的引言里又说“有几首意义晦涩”，于是他“加上一点注解”。这些都是老实话。但是注解究竟不是办法。他又说“经验隔断，那能引起共鸣”。这是晦涩的真正原因。他又在《用韵》里说：

> 中国的所谓新人物，依然是老脾气。那怕连《千家诗》《唐诗三百首》都没有见过的人，一说起这东西是“诗”，就得哼哼。一哼就把真正的白话诗哼毁了。

“真正的白话诗”是要“念”或说的。我们知道陆先生是最早的系统的试验白话诗的音节的诗人，又是音乐鉴赏家，又是音韵学家，他特别强调那“念”的“真正的白话诗”，是可以了解的；就因为这些条件，他的二十三首五拍诗，的确创造了一种“真正的白话诗”。可是他说“不会写大众诗”，“经验隔断，那能引起共鸣”，也是真的。

用老百姓说话的腔调来写作，要轻松不难，要活泼自然，也不太难，要沉着却难；加上老百姓的词汇，要沉着更难。陆先生的五拍诗能够达到沉着的地步，的确算得是奇作。笔者自己很爱念这些诗，已经念过好几遍，还乐意念下去，念起来真够味。笔者多多少少分有陆先生的经验，虽然不敢说完全懂得这些诗，却能够从那自然而沉着的腔调里感到亲切。这些诗所说的，在笔者看来，可以说是爱自由的知识分子的悲哀。我们且来念念这些诗。开宗明义是这一首：

是一件百家衣，矮窗上的纸
苇子杆上稀稀拉拉的雪
松香琥珀的灯光为什么凄凉？
几千年，几万年，隔这一层薄纸
天气温和点，还有人认识我
父母生我在没落的书香门第

有一条注解：

一辈子没有种过地，也没有收过租，只挨着人家碗边上吃这一口饭。我小的时候，乡下人吃白米，豆腐，青菜，养几只猪，一大窝鸡。现在吃糠，享四大皆空自由。老觉得这口饭是赊来吃的。

诗里的“百家衣”，就是“这口饭是赊来吃的”。纸糊在“苇子杆子”

上，矮矮的窗，雪落在窗上，屋里是黄黄的油灯光。读书人为什么这样“凄凉”呢？他老在屋里跟街上人和乡下人隔着；出来了，人家也还看待他是特殊的一类人。他孤单，他寂寞，他是在命定的“没落”了。这够多“凄凉”呢！

但是他并非忘怀那些比自己苦的人。请念第十九首：

在乡下，我们把肚子贴在地上
糊涂的天就压在我们的背上
老呱说：“天你怎么那么高呀？”
抬头一看，他果然比树还高
树上有山头，山头上还有树
老天爷，多给点儿好吃吃的吧。

这一首没有注解，确也比较好懂。“肚子贴在地上”是饿瘪了，“天高皇帝远”，谁来管你！但是还只有求告“老天爷”多给点儿吃的！——北平话似乎不说“好吃吃的”，“好吃的”也跟“吃的”不同。读书人，知识分子，也想到改革上，这是第三首：

明天到那儿？大路的尽头在那儿？
这一排杨树，空心的，腆着肚子，
扬起破烂的衣袖，把路遮断啦
纸灯儿摇摆，小驴儿，咦，拐弯啦。
黑朦朦的踏着癞蛤蟆求婚的拍子
走到岔路上，大车呢，许是往西啦

注解是：

十年前，卢沟桥还没有听到枪声，我仿佛已经想到现在的局面。在民族求生存的途径上，我宁愿像老戆赶大车，不开坦克车。

诗里“明天”和“大路”自然就是“民族求生存的途径”，“把路遮断”的“一排杨树”大概是在阻碍着改革的那些家伙罢。“纸灯儿”，黑暗里一点光明；“小驴儿”拐弯抹角的慢慢的走着夜路，“癞蛤蟆想吃天鹅肉”，“知其不可而为之”，大概会跟着“大车”“往西”的，“往西”就是西化。“往西”是西化，得看注解才想得到，单靠诗里的那个“西”字的暗示是不够的。这首诗似乎只说到个人的自由的努力；但是诗里念不出那“宁愿”的味儿。个人的自由的努力的最高峰是“创造”。第六首的后三行是：

脚底下的地要跳，像水煮开啦
鱼刚出水，毒龙刚醒来抖擞
活火的刀山上跳舞，我要创造

注解里引易卜生的话，“在美里死”。陆先生慨叹着“书香门第”的自己，慨叹着“乡下”的人，讥刺着“帮闲的”，怜惜着“孩子”，终于强调个人的“创造”，这是“明天”的“大路”。这条“路”也许就是将“大众”的和他“经验隔断”的罢？

《杂样的五拍诗》正是“创造”，“创造”了一种“真正的白话诗”。照陆先生自己声明的而论，他是成功了的。但是在一般的读者，这些诗恐怕是晦涩难懂的多；即使看了注解，恐怕还是不成罢。“难写”，不错，这比别的近代作风的诗更难，因为要巧妙的运用老百姓的腔调。但是麻烦的还在难懂。当然这些诗可以诉诸少数人，可是“跟老百姓学”而只诉诸少数人，似乎又是矛盾。这里“经验隔断”说明了一切。现在是有了不容忽视的“大众”，“大众”的经验跟个人的是两样。什么是“大众诗”，我们虽然还不知道，但是似乎已经在试验中，在创造中。大概还是得“做诗如说话”，就是明白如话。不过倒不必像一种方言，因为方言的词汇和调子实在不够用；明白如话的“话”该比嘴里说的丰富些，而且该不断的丰富起来。这就是已经在“大众”里成长的“活的语言”；比起这种话来，方言就显得呆板了。至于陆先生在《用韵》那篇文里说的轻重音，韵的通押，押韵形式，句尾韵等，是还值得大家参考运用的。

（北平《华北日报》文学副刊）

歌谣里的重叠

歌谣以重叠为生命，脚韵只是重叠的一种方式。从史的发展上看，歌谣原只要重叠，这重叠并不一定是脚韵；那就是说，歌谣并不一定要用韵。韵大概是后起的，是重叠的简化。现在的歌谣有又用韵又用别种重叠的，更可见出重叠的重要来。重叠为了强调，也为了记忆。顾颉刚先生说过：

> 对山歌因问作答，非复沓不可。……儿歌注重于说话的练习，事物的记忆与滑稽的趣味，所以也有复沓的需要。
>
> （《论〈诗经〉所录全为乐歌》上）

“复沓”就是重叠。说“对山歌因问作答，非复沓不可”，是说重叠由于合唱；当然，合唱不止于对山歌。这可说是为了强调。说“儿童注重于说话的练习，事物的记忆……也有复沓的需要”，是为了记忆；但是这也不限于儿歌。至于滑稽的趣味，似乎与重叠无关，绕口令或拗口令里的滑稽的趣味，是从词语的意义和声音来的，不是从重叠来的。

现在举几首近代的歌谣为例，意在欣赏，但是同时也在表示重叠的作用。美国何德兰的《孺子歌图》（收录的以北平儿歌为主）里有一首《足五趾歌》：

这个小牛儿吃草。
这个小牛儿吃料。
这个小牛儿喝水儿。
这个小牛儿打滚儿。
这个小牛儿竟卧着，
我们打他。

这是一首游戏歌，一面念，一面用手指点着，末了儿还打一下。这首歌的完整全靠重叠，没有韵。将五个足趾当做五个“小牛儿”，末一个不做事，懒卧着，所以打他。这是变化。同书另一首歌：

玲珑塔，
塔玲珑，
玲珑宝塔十三层。

这首歌主要的是“玲珑”一个词。前两行是颠倒的重叠，后一行还是重叠前两行，但是颠倒了“玲珑”这个词，又加上了“宝”和“十三层”两个词语，将句子伸长，其实还只是“玲珑”的意思。这些都是变化。这首歌据说现在还在游艺场里唱着，可是编得很长很复杂了。

邱峻先生辑的《情歌唱答》里有两首对山歌，是客家话：

女唱：
一日唔见涯心肝，
唔见心肝心不安。
唔见心肝心肝脱，
一见心肝脱心肝。

男答：

闲来么事想心肝，
紧想心肝紧不安。
我想心肝心肝想，
正是心肝想心肝。

两首全篇各自重叠，又彼此重叠，强调的是“心肝”，就是情人。还有北京大学印的《歌谣纪念增刊》里有刘达九先生记的四川的两首对山歌，是两个牧童在赛唱：

唱：

你的山歌没得我的山歌多，
我的山歌几箩篼。
箩篼底下几个洞，
唱的没得漏的多。

答：

你的山歌没得我的山歌多，
我的山歌牛毛多。
唱了三年三个月，
还没有唱完牛耳朵。

两首的头两句各自重叠，又彼此重叠，各自夸各自的“山歌多”；比喻都是本地风光，活泼，新鲜，有趣味。重叠的方式多得很，这里只算是“牛耳朵”罢了。

（北平《华北日报》俗文学副刊）

中国文的三种型

——评郭绍虞编著的《语文通论》与《学文示例》

（开明书店版）

这两部书出版虽然已经有好几年，但是抗战结束后我们才见到前一部书和后一部书的下册，所以还算是新书。《语文通论》收集关于语文的文章九篇，著者当做《学文示例》的序。《学文示例》虽然题为“大学国文教本”，却与一般国文教本大不相同。前一部书里讨论到中国语文的特性和演变，对于现阶段的白话诗文的发展关系很大，后一部书虽然未必是适用的教本，却也是很有用的参考书。

《语文通论》里《中国语词之弹性作用》《中国文字型与语言型的文学之演变》《新文艺运动应走的新途径》《新诗的前途》，这四篇是中心。《文笔再辨》分析“六朝”时代的文学的意念，精详确切，但是和现阶段的发展关系比较少。这里讨论，以那中心的四篇为主。郭先生的课题可以说有三个。一是语词，二是文体，三是音节。语词包括单音词和连语。郭先生“觉得中国语词的流动性很大，可以为单音同时也可以为复音，随宜而施，初无一定，这即是我们所谓弹性作用”（二面）。他分“语词伸缩”，“语词分合”，“语词变化”，“语词颠倒”四项，举例证明这种弹性作用。那些例子丰富而显明，足够证明他的理论。笔者尤其注意所谓“单音语词演化为复音的倾向”（四面）。笔者觉得中国语还是单音为主，先有单音词，后来才一部分“演化为复音”，商朝的卜辞里绝少连语，可以为证。但是这种复音化的倾向开始很早，卜辞里连语虽然不多，却已经有“往来”一类连语或词。《诗经》里更有了大量的叠字词与双声叠韵词。连语似乎以叠字与双声叠韵为最多，和六书里以形声字为最多相似。笔者颇疑心双声叠韵词本来只是单音词的延长。声的延长成为双声，如《说文》只有“蛩”字，后来却成为“蟋蟀”；韵的延长成为叠韵，如“消摇”，也许本来只说“消”一个音。书中所举的“玄黄”，“犹与”等双声连语可以自由分用（二三面），似乎就是从这种情形来的。

但是复音化的语词似乎限于物名和形况字，这些我们现在称为名词、形容词和副词；还有后世的代词和联结词（词类名称，用王了一先生在《中国现代语法》里所定的）。别的如动词等，却很少复音化的。这个现象的原因还待研究，但是已经可以见出中国语还是单音为主。本书说“复音语词以二字连缀者为最多，其次则三字四字”（三面）。双声叠韵词就都是“二字连缀”的。三字连缀似乎该以上一下二为通例。书中举《离骚》的“忳郁邑余侘傺兮”，并指出“忳与郁邑同义”（一八面），正是这种通例。这种复音语词《楚辞》里才见，也最多，似乎原是楚语。后来五七言诗里常用它。我们现在的口语里也还用着它，如“乱烘烘”之类。四字连缀以上二下二为主，书里举的马融的《长笛赋》“安翔骀荡，从容阐缓”等，虽然都是两个连语合成，但是这些合成的连语，意义都相近或相同，合成之后差不多成了一个连语。书里指出“辞赋中颇多此种手法”（二〇面），笔者颇疑心这是辞赋家在用着当时口语。现代口语里也还有跟这些相近的，如“死乞白赖”“慢条斯理”之类。不过就整个中国语看，究竟是单音为主，二音连语为辅，三四音的语词只是点缀罢了。

郭先生将中国文体分为三个典型，就是“文字型，语言型，与文字化的语言型”（六六面）。他根据文体的典型的演变划分中国文学史的时代。“春秋”以前为诗乐时代，“这是语言与文字比较接近的时代”。文字“组织不必尽同于口头的语言”，却还是“经过改造的口语”；“虽与习常所说的不必尽同，然仍是人人所共晓的语言”。这时代的文学是“近于语言型的文学”（六八——九面）。古代言文的分合，主张不一；这里说的似乎最近情理。“战国”至两汉为辞赋时代，这是“渐离语言型而从文字型演进的时代，同时也可称是语言文字分离的时代”。郭先生说：

这是中国文学史上一个极重要的时代，因为是语文变化最显著的时代。此种变化，分为两途：其一，是本于以前寡其词协其音，改造语言的倾向以逐渐进行，终于发见单音文字的特点，于是在文学中发挥文字之特长，以完成辞赋的体制，使文学逐渐走上文字型的途径；于是始与语言型的文学不相一致。其又一，是借统一文字以统一语言，易言之，即借古语以统一今语，于是其结果成为以古语为文辞，而语体与文言遂趋于分途。前一种确定所谓骈文的体制，以司马相如的功绩为多；后一种又确定所谓古文的体制，以司马迁的功绩为多。（六九——七〇面）

“以古语为文辞，即所谓文字化的语言型”（七一面）。这里指出两路的变化，的确是极扼要的。魏晋南北朝是骈文时代，“这才是充分发挥文字特点的时代”，“是以文字为工具而演进的时代”（七二面）。

“文字型的文学既演进到极端，于是起一个反动而成为古文时代”，隋唐至北宋为古文时代。书中说这是“托古的革新”。“古文古诗是准语体的文学，与骈文律诗之纯粹利用文字的特点者不同”。南宋至现代为语体时代，“充分发挥语言的特点”，“语录体的流行，小说戏曲的发展，都在这一个时代，甚且方言的文学亦以此时为盛”。这“也可说是文学以语言为工具而演进的时代”（七三——四面）。语体时代从南宋算起，确是郭先生的特见。他觉得：

有些文学史之重在文言文方面者，每忽视小说与戏曲的地位；而其偏重在白话文方面者，又抹煞了辞赋与骈文的价值。前

> 者之误，在以文言的余波为主潮；后者之误，又在强以白话的伏流为主潮（七四面）。

这是公道的评论。他又说“中国文学的遗产自有可以接受的地方（辞赋与骈文），不得仅以文字的游戏视之”，而“现在的白话文过度的欧化也有可以商榷的地方，至少也应带些土气息，合些大众的脾胃”。他要白话文“做到不是哑巴的文学”（七五面）。书中不止一回提到这两点，很是强调，归结可以说是在音节的课题上。他以为“运用音节的词，又可以限制句式之过度欧化”（一一二面），这样“才能使白话文显其应用性”（一一七面）。他希望白话文“早从文艺的路走上应用的路”，“代替文言文应用的能力”，并“顾到通俗教育之推行”（八九面）。笔者也愿意强调白话文“走上应用的路”。但是郭先生在本书自序的末了说：

> 我以为施于平民教育，则以纯粹口语为宜；用于大学的国文教学，则不妨参用文言文的长处；若是纯文艺的作品，那么即使稍偏欧化也未为不可（自序四面）。

这篇序写在三十年。照现在的趋势看，白话文似乎已经减少了欧化而趋向口语，就是郭先生说的“活语言”，“真语言”（一〇九面），文言的成分是少而又少了。那么，这种辨别雅俗的三分法，似乎是并不需要的。

郭先生特别强调“中国文学的音乐性”，同意一般人的见解，以为欧化的白话文是“哑巴文学”。他对中国文学的音乐性是确有所见的。书中指出古人作文不知道标点分段，所以只有在音节上求得句读和段落的分明；骈文和古文甚至戏剧里的道白和语录都如此，骈文的匀整和对偶，古文句子的短，主要的都是为了达成这个目的。而这种句读和段落的分明，是从诵读中觉出（三八——九面，又自序二——三面）。但是照晋朝以来的记载，如《世说新语》等，我们知道诵读又是一种享受，是代替唱歌的。郭先生虽没有明说，显然也分到这种情感。他在本书自序里主张“于文言取其音节，于白话取其气势，而音节也正所以为气势之助”（三面），这就是“参用文言文的长处”。书中称赞小品散文，不反对所谓“语录体”，正因为“文言白话无所不可”（一〇四——八面），又主张白话诗“容纳旧诗词而仍成新格”（一三二面），都是所谓“参用文言文的长处”。但是小品文和语录体都过去了，白话诗白话文也已经不是“哑巴文学”了。自序中说“于白话取其气势”，在笔者看来，气势不是别的，就是音节，不过不是骈文的铿锵和古文的吞吐作态罢了。朗诵的发展使我们认识白话的音节，并且渐渐知道如何将音节和意义配合起来，达成完整的表现。现在的青年代已经能够直接从自己唱和大家唱里享受音乐，他们将音乐和语言分开，让语言更能尽它的职责，这是一种进步。至于文言，如书中说的，骈文“难懂”，古文“只适宜于表达简单的意义”（三九面）；“在通篇的组织上，又自有比较固定的方法，遂也不易容纳复杂的思想”（自序三面）。而古诗可以用古文做标准，律诗可以用骈文做标准。那么，文言的终于被扬弃，恐怕也是必然的罢。

《语文通论》里有一篇道地的《学文示例·序》，说这部书“以技巧训练为主而以思想训练为辅”，“重在文学之训练”，兼选文言和白话，散文和韵文，“其编制以例为纲而不以体分类”，“示人以行文之变化”（一四五——九面）。全书共分五例：

> 一、评改例，分摘谬、修正二目，其要在去文章之病……二、拟袭例，分摹拟、借袭二目，摹拟重在规范体貌，借袭重在点窜成言，故又为根据旧作以成新制之例。三、变翻例，分译辞、翻体二目，或迻译古语，或檃括成文，这又是改变旧作以成新制之例。四、申驳例，分续广、驳难二目，续广以申前文未尽之意，驳难以正昔人未惬之见，这又重在立意方面，是补正旧作以成新制之例。五、熔裁例，此则为学文最后工夫，是摹拟而异其形迹，出因袭而自生变化，或同一题材而异其结构，或异其题材而合其神情……这又是比较旧作以启迪新知之例（一四九——

一五〇面）。

郭先生编《学文示例》这部书，搜采的范围很博，选择的作品很精，类列的体例很严，值得我们佩服。书中白话的例极少，这是限于现有的材料，倒不是郭先生一定要偏重文言；不过结果却成了以训练文言为主。所选的例子大多数出于大家和名家之手，精诚然是精，可是给一般大学生“示例”，要他们从这里学习文言的技巧，恐怕是太高太难了。至于现在的大学生有几个乐意学习这种文言的，姑且可以不论。不过这部书确是“一种新的编制，新的方法”，如郭先生序里说的。近代陈曾则先生编有《古文比》，选录同体的和同题的作品，并略有评语。这还是“班马异同评”一类书的老套子，不免简单些。战前郑奠先生在北京大学任教，编出《文镜》的目录，同题之外，更分别体制，并加上评改一类，但是也不及本书的完备与变化。这《学文示例》确是一部独创的书。若是用来启发人们对于古文学的欣赏的兴趣，并培养他们欣赏的能力，这是很有用的一部参考书。

（《清华学报》）

禅家的语言

我们知道禅家是“离言说”的，他们要将嘴挂在墙上。但是禅家却最能够活用语言。正像道家以及后来的清谈家一样，他们都否定语言，可是都能识得语言的弹性，把握着，运用着，达成他们的活泼无碍的说教。不过道家以及清谈家只说到“得意忘言”，“言不尽意”，还只是部分的否定语言，禅家却彻底的否定了它。《古尊宿语录》卷二记百丈怀海禅师答僧问“祖宗密语”说：

> 无有密语，如来无有秘密藏。……但有语句，尽属法之尘垢。但有语句，尽属烦恼边收。但有语句，尽属不了义教。但有语句，尽不许也，了义教俱非也。更讨什么密语！

这里完全否定了语句，可是同卷又记着他的话：

> 但是一切言教只如治病，为病不同，药亦不同。所以有时说有佛，有时说无佛。实语治病，病若得瘥，个个是实语，病若不瘥，个个是虚妄语。实语是虚妄语，生见故。虚妄是实语，断众生颠倒故。为病是虚妄，只有虚妄药相治。

又说：

世间譬喻是顺喻，不了义教是顺喻。了义教是逆喻，舍头目髓脑是逆喻，如今不爱佛菩提等法是逆喻。

虚实顺逆却都是活用语言。否定是站在语言的高头，活用是站在语言的中间；层次不同，说不到矛盾。明白了这个道理，才知道如何活用语言。

北平《世间解》月刊第五期上有顾随先生的《揣籥录》，第五节题为《不是不是》，中间提到“如何是（达摩）祖师西来意”一问，提到许多答语，说只是些“不是，不是!”这确是一语道着，斩断葛藤。但是“不是，不是”也有各色各样。顾先生提到赵州和尚，这里且看看他的一手。《古尊宿语录》卷十三记学人问他：

问：“如何是赵州一句?”
师云：“半句也无。”
学云：“岂无和尚在?”
师云：“老僧不是一句。”

卷十四又记：

问：“如何是一句?”
师云：“道什么?”
问：“如何是一句?”
师云：“两句。”

同卷还有：

问："如何是目前一句？"

师云："老僧不如你！"

这都是在否定"一句"，"一句""密语"。第一个答语，否定自明。第二次答"两句"，"两句"不是"一句"，牛头不对马嘴，还是个否定。第三个答语似乎更不相干，却在说：不知道，没有"目前一句"，你要，你自己悟去。

同样，他否定了"祖师西来意"那问语。同书卷十三记学人问"如何是祖师西来意"？

师云："庭前柏树子。"

卷十四记着同一问语：

师云："床脚是。"

云："莫便是也无？"（就是这个吗？）

师云："是即脱取去。"（是就拿下带了去。）

还有一次答话：

师云："东壁上挂葫芦，多少时也！"

"即心即佛"，"非心非佛"，"祖师西来意"是不可说的。这里却说了，说得很具体。但是"柏树子"，"床脚"，"葫芦"，这些用来指点的眼前景物，可以说都和"西来意"了不相干，所谓"逆喻"，是用肯定来否定，说了还跟没有说一样。但是同卷又记着：

问："柏树子还有佛性也无？"

师云："有。"

云："几时成佛？"

师云："待虚空落地。"

云："虚空几时落地？"

师云："待柏树子成佛。"

既是"虚空"，何能"落地"？这句话否定了它自己，现在我们称为无意义的话。"待柏树子成佛"是兜圈子，也等于没有说，我们称为丐词。这些也都是用肯定来否定的。但是柏树子有佛性，前面那些答话就又不是了不相干了。这正是活用，我们称为多义的话。

同卷紧接着的一段：

问："如何是西来意？"

师云："因什么向院里骂老僧！"

云："学人有何过？"

师云："老僧不能就院里骂得阇黎。"（阇黎二师）

又记着：

问："如何是西来意？"

师云："板齿生毛。"

这里前两句答话也是了不相于，但是不是眼前有的景物，而是眼前没有的事；没有的事是没有，是否定。但是"骂老僧"，"骂阇黎"就是不认得僧，不认得师，因而这一问也就是不认得祖师。这也是两面儿话，或说是两可的话。末一句答话说板牙上长毛，也是没有的事，并且是不可能的事；"西来意"是不可能说的。同卷还有两句答话：

师云："如你不唤作祖师，意犹未在。"

这是说没有"祖师"，也没有"意"。

师云："什么处得者消息来！"

意思是跟上句一样。这都是直接否定了问句，比较简单好懂。顾先生说"庭前柏树子"一句"流传宇宙，震铄古今"，就因为那答话里是个常物，却出乎常情，却又不出乎禅家"无多子"的常理。这需要活泼无碍的运用想像，活泼无碍的运用语言。这就是所谓"机锋"。"机锋"也有路数，本文各例可见一斑。

（《世间解》月刊）

论老实话

美国前国务卿贝尔纳斯退职后写了一本书，题为《老实话》。这本书中国已经有了不止一个译名，或作《美苏外交秘录》，或作《美苏外交内幕》，或作《美苏外交纪实》，“秘录”“内幕”和“纪实”都是“老实话”的意译。前不久笔者参加一个宴会，大家谈起贝尔纳斯的书，谈起这个书名。一个美国客人笑着说，“贝尔纳斯最不会说老实话！”大家也都一笑。贝尔纳斯的这本书是否说的全是“老实话”，暂时不论，他自题为“老实话”，以及中国的种种译名都含着“老实话”的意思，却可见无论中外，大家都在要求着“老实话”。贝尔纳斯自题这样一个书名，想来是表示他在做国务卿办外交的时候有许多话不便“老实说”，现在是自由了，无官一身轻了，不妨“老实说”了——原名直译该是“老实说”，还不是“老实话”。但是他现在真能自由的“老实说”，真肯那么的“老实说”吗？——那位美国客人的话是有他的理由的。

无论中外，也无论古今，大家都要求“老实话”，可见“老实话”是不容易听到见到的。大家在知识上要求真实，他们要知道事实，寻求真理。但是抽象的真理，打破沙缸问到底，有的说可知，有的说不可知，至今纷无定论，具体的事实却似乎或多或少总是可知的。况且照常识上看来，总是先有事后才有理，而在日常生活里所要应付的也都是些事，理就包含在其中，在应付事的时候，理往往是不自觉的。因此强调就落到了事实上。常听人说“我们要明白事实的真相”，既说“事实”，又说“真相”，叠床架屋，正是强调的表现。说出事实的真相，就是“实话”。买东西叫卖的人说“实价”，问口供叫犯人“从实招来”，都是要求“实话”。人与人如此，国与国也如此。有些时事评论家常说美苏两强若是能够，肯老实说出两国的要求是些什么东西，再来商量，世界的局面也许能够明朗化。可是又有些评论家认为两强的话，特别是苏联方面的，说的已经够老实了，够明朗化了。的确，自从去年维辛斯基在联合国大会上指名提出了“战争贩子”以后，美苏两强的话是越来越老实了，但是明朗化似乎还未见其然。

人们为什么不能不肯说实话呢？归根结蒂，关键是在利害的冲突上。自己说出实话，让别人知道自己的虚实，容易制自己。就是不然，让别人知道底细，也容易比自己抢先一着。在这个分配不公平的世界上，生活好像战争，往往是有你无我；因此各人都得藏着点儿自己，让人莫名其妙。于是乎勾心斗角，捉迷藏，大家在不安中猜疑着。向来有句老话，“知人知面不知心”，还有，“逢人只说三分话，未可全抛一片心”，这种处世的格言正是教人别说实话，少说实话，也正是暗示那利害的冲突。我有人无，我多人少，我强人弱，说实话恐怕人来占我的便宜；强的要越强，多的要越多，有的要越有。我无人有，我少人多，我弱人强，说实话也恐怕人欺我不中用；弱的想变强，少的想变多，无的想变有。人与人如此，国与国又何尝不如此！

说到战争，还有句老实话，“兵不厌诈”！真的交兵“不厌诈”，勾心斗角，捉迷藏，耍花样，也正是个“不厌诈”！“不厌诈”，就是越诈越好，从不说实话少说实话大大的跨进了一步；于是乎模糊事实，夸张事实，歪曲事实，甚至于捏造事实！于是乎种种谎话，应有尽有，你想我是骗子，我想你是骗子。这种情形，中外古今大同小异，因为分配老是不公平，利害也老在冲突着。这样可也就更要求实话，老实话。老实话自然是有的，人们没有相当限度的互信，社会就不成其为社会了。但是实话总还太少，谎话总还太多，社会的和谐恐怕还远得很罢。不过谎话虽然多，全然出于捏造的却也少，因为不容易使人信。麻烦的是谎话里掺实话，实话里掺谎话——巧妙可也在这儿。日常的话多多少少是两参的，人们的互信就建立在这种两参的话上，人们的猜疑可也发生在这两参的话上。即如贝尔纳斯自己标榜的“老实话”，他的同国的那位客人就怀疑他在用好名字骗人。我们这些常人谁能知道他的话老实或不老实到什么程度呢？

人们在情感上要求真诚，要求真心真意，要求开诚相见或诚恳的态度。他们要听“真话”，“真心话”，心坎儿上的，不是嘴边儿上的话。这也可以说是“老实话”。但是“心口如一”向来是难得的，“口是心非”恐怕大家有时都不免，读了奥尼尔的《奇异的插曲》就可恍然。“口蜜腹剑”却真成了小人。真话不一定关于事实，主要的是态度。可是，如前面引过的，“知人知面不知心”，不看什么人就掏出自己的心肝来，人家也许还嫌血腥气呢！所以交浅不能言深，大家一见面儿只谈天气，就是这个道理。所谓“推心置腹”，所谓“肺腑之谈”，总得是二三知己才成；若是泛泛之交，只能敷敷衍衍，客客气气，说一些不相干的门面话。这可也未必就是假的，虚伪的。他至少眼中有你。有些人一见面冷冰冰的，拉长了面孔，爱理人不理人的，可以算是“真”透了顶，可是那份儿过了火的“真”，有几个人受得住！本来彼此既不相知，或不深知，相干的话也无从说起，说了反容易出岔儿，乐得远远儿的，淡淡儿的，慢慢儿的，不过就是彼此深知，像夫妇之间，也未必处处可以说真话。“人心不同，各如其面”，一个人总有些不愿意教别人知道的秘密，若是不顾忌着些个，怎样亲爱的也会碰钉子的。真话之难，就在这里。

真话虽然不一定关于事实，但是谎话一定不会是真话。假话却不一定就是谎话，有些甜言蜜语或客气话，说得过火，我们就认为假话，其实说话的人也许倒并不缺少爱慕与尊敬。存心骗人，别有作用，所谓“口蜜腹剑”的，自然当做别论。真话又是认真的话，玩话不能当做真话。将玩话当真话，往往闹别扭，即使在熟人甚至亲人之间。所以幽默感是可贵的。真话未必是好听的话，所谓“苦口良言”，“药石之言”，“忠言”，“直言”，往往是逆耳的，一片好心往往倒得罪了人。可是人们又要求“直言”，专制时代“直言极谏”是选用人才的一个科目，甚至现在算命看相的，也还在标榜“铁嘴”，表示直说，说的是真话，老实话。但是这种“直言”“直说”大概是不至于刺耳至少也不至于太刺耳的。又是“直言”，又不太刺耳，岂不两全其美吗！不过刺耳也许还可忍耐，刺心却最难宽恕；直说遭怨，直言遭忌，就为刺了别人的心——小之被人骂为“臭嘴”，大之可以杀身。所以不折不扣的“直言极谏”之臣，到底是寥寥可数的。直言刺耳，进而刺心，简直等于相骂，自然会叫人生气，甚至于翻脸。反过来，生了气或翻了脸，骂起人来，冲口而出，自然也多直言，真话，老实话。

人与人是如此，国与国在这里却不一样。国与国虽然也讲友谊，和人与人的友谊却不相当，亲谊更简直是没有。这中间没有爱，说不上“真心”，也说不上“真话”“真心话”。倒是不缺少客气话，所谓外交辞令；那只是礼尚往来，彼此表示尊敬而已。还有，就是条约的语言，以利害为主，有些是互惠，更多是偏惠，自然是弱小吃亏。这种条约倒是“实话”，所以有时得有秘密条款，有时更全然是密约。条约总说是双方同意的，即使只有一方是“欣然同意”。不经双方同意而对一方有所直言，或彼此相对直言，那就往往是谴责，也就等于相骂。像去年联合国大会以后的美苏两强，就是如此。话越说得老实，也就越尖锐化，当然，翻脸倒是还不至于的。这种老实话一方面也是宣传。照一般的意见，宣传决不会是老实话。然而美苏两强互相谴责，其中的确有许多老实话，也的确有许多人信这一方或那一方，两大阵营对垒的形势因此也越见分明，世界也越见动荡。这正可见出宣传的力量。宣传也有各等各样。毫无事实的空头宣传，不用说没人信；有事实可也参点儿谎，就有信的人。因为有事实就有自信，有自信就能多多少少说出些真话，所以教人信。自然，事实越多越分明，信的人也就越多。但是有宣传，也就有反宣传，反宣传意在打消宣传。判断当然还得凭事实。不过正反错综，一般人眼花缭乱，不胜其麻烦，就索性一句话抹杀，说一切宣传都是谎！可是宣传果然都是谎，宣传也就不会存在了，所以还当分别而论。即如贝尔纳斯将他的书自题为“老实说”，或“老实话”，那位美国客人就怀疑他在自我宣传；但是那本书总不能够全是谎罢？一个人也决不能够全靠撒谎而活下去，因为那么着他就掉在虚无里，就没了。

（《周论》）

鲁迅先生的杂感

最近写了一篇短文讨论“百读不厌”那个批评用语，照笔者分析的结果，所谓“百读不厌”，注重趣味与快感，不适用于我们的现代文学。可是现代作品里也有引人“百读不厌”的，不过那不是作品的主要的价值。笔者根据自己的经验，举出鲁迅先生的《阿Q正传》做例子，认为引人“百读不厌”的是幽默，这幽默是严肃的，不是油腔滑调的，更不只是为幽默而幽默。鲁迅先生的《随感录》，先是出现在《新青年》上后来收在《热风》里的，还有一些“杂感”，在笔者也是“百读不厌”的。这里吸引我的，一方面固然也是幽默，一方面却还有别的，就是那传统的称为“理趣”，现在我们可以说是“理智的结晶”的，而这也就是诗。

冯雪峰先生在《鲁迅论》里说到鲁迅先生“在文学上独特的特色”：

> 首先，鲁迅先生独创了将诗和政论凝结于一起的“杂感”这尖锐的政论性的文艺形式。这是匕首，这是投枪，然而又是独特形式的诗；这形式，是鲁迅先生所独创的，是诗人和战士的一致的产物。自然，这种形式，在中国旧文学里是有它类似的存在的，但我们知道旧文学中的这种形式，有的只是形式和笔法上有可取之点，精神上是完全不成的；有的则在精神上也有可取之

点，却只是在那里自生自长的野草似的一点萌芽。鲁迅先生，以其战斗的需要，才独创了这在其本身是非常完整的，而且由鲁迅先生自己达到了那高峰的独特的形式。

（见《过来的时代》）

所谓“中国旧文学里是有它类似的存在的”，大概指的古文里短小精悍之作，像韩柳杂说的罢？冯先生说鲁迅先生“也同意对于他的杂感散文在思想意义之外又是很高的而且独创的艺术作品的评价”，“并且以为（除何凝先生外）还没有说出这一点来”（《关于鲁迅在文学上的地位》的《附记》，见同书）。这种“杂感”在形式上的特点是“简短”，鲁迅先生就屡次用“短评”这名称，又曾经泛称为“简短的东西”。“简短”而“凝结”，还能够“尖锐”得像“匕首”和“投枪”一样；主要的是他在用了这“匕首”和“投枪”战斗着。“狭巷短兵相接处，杀人如草不闻声”，这是诗，鲁迅先生的“杂感”也是诗。

《热风》的《题记》的结尾：

但如果凡我所写，的确都是冷的呢？则它的生命原来就没有，更谈不到中国的病证究竟如何。然而，无情的冷嘲和有情的讽刺相去本不及一张纸，对于周围的感受和反应，又大概是所谓“如鱼饮水冷暖自知”的；我却觉得周围的空气太寒冽了，我自说我的话，所以反而称之曰“热风”。

鲁迅先生是不愿承受“冷静”那评价的，所以有这番说话。他确乎不是个“冷静”的人，他的憎正由于他的爱；他的“冷嘲”其实是“热讽”。这是“理智的结晶”，可是不结晶在冥想里，而结晶在经验里；经验是“有情的”，所以这结晶是有“理趣”的。开始读他的《随感录》的时候，一面觉得他所嘲讽的愚蠢可笑，一面却又往往觉得毛骨悚然——他所指出的“中国病证”，自己没有犯过吗，不在犯着吗？可还是“百读不厌”的常常去翻翻看看，吸引我的是那笑，也是那“笑中的泪”罢。

这种诗的结晶在《野草》里“达到了那高峰”。《野草》被称为散文诗，是很恰当的。《题辞》里说：

> 过去的生命已经死亡。我对于这死亡有大欢喜，因为我借此知道它曾经存活。死亡的生命已经朽腐。我对于这朽腐有大欢喜，因为我借此知道它还非空虚。

又说：

> 我自爱我的野草，但我憎恶这以野草作装饰的地面。地火在地下运行，奔突；熔岩一旦喷出，将烧尽一切野草，以及乔木，于是并且无可朽腐。

又说：

> 我以这一丛野草在明与暗，生与死，过去与未来之际，献于友与仇，人与兽，爱者与不爱者之前作证。

最后是：

> 去罢，野草，连着我的题辞！

这写在一九二七年，正是大革命的时代。他彻底地否定了“过去的生命”，连自己的《野草》连着这《题辞》，也否定了，但是并不否定他自己。他“希望”地下的火火速喷出，烧尽过去的一切；他“希望”的是中国的新生！在《野草》里比在《狂人日记》里更多的用了象征，用了重叠，来“凝结”来强调他的声音，这是诗。

他一面否定，一面希望，一面在战斗着。《野草》里的一篇《希望》，是一九二五年一月一日写的，他说：

> 我只得由我来肉薄这空虚中的暗夜了，纵使寻不到身外的青春，也总得自己来一掷我身中的迟暮。但暗夜又在那里呢？现在没有星，没有月光，以至笑的渺茫和爱的翔舞；青年们很平安，而我的面前又竟至于并且没有真的暗夜。

然而就在这一年他感到青年们动起来了，感到“真的暗夜”露出来了，这一年他写了特别多的“杂感”，就是收在《华盖集》里的。这一年“十二月三十一日之夜”写的《题记》里给了这些“短评”一个和《随感录》略有分别的名字，就是“杂感”。他说这些“杂感”“往往执滞在几件小事情上”，也就是从一般的“中国的病证”转到了个别的具体的事件上。虽然他还是将这种个别的事件“作为社会上的一种典型”（见前引冯雪峰先生那篇《附记》里引的鲁迅先生自己的话）来处理，可是这些“杂感”比起《热风》中那些《随感录》确乎是更其现实的了；他是从诗回向散文了。换上“杂感”这个新名字，似乎不是随随便便的无所谓的。

散文的杂感增加了现实性，也增加了尖锐性。“一九三二年四月二十四日之夜”写的《三闲集》的《序言》里说道：

> 恐怕这“杂感”两个字，就使志趣高超的作者厌恶，避之惟恐不远了。有些人们，每当意在奚落我的时候，就往往称我为“杂感家”。

这正是尖锐性的证据。他这时在和“真的暗夜”“肉薄”了，武器是越尖锐越好，他是不怕“‘不满于现状’的‘杂感家’”这一个“恶谥”的。一方面如冯雪峰先生说的，“他又常痛惜他的小说和他的文章中的曲笔常被一般读者误解”。所以“更倾向于直剖明示的尖利的批判武器的创造”

（见《鲁迅先生计划而未完成的著作》，也在《过去的时代》中）了。这种“直剖明示”的散文作风伴着战斗发展下去，“杂感”就又变为“杂文”了。“一九三二年四月三十日之夜”写的《二心集》的《序言》里开始就说：

> 这里是一九三〇与三一年两年间的杂文的结集。

末尾说：

> 自从一九三一年一月起，我写了较上年更多的文章，但因为揭载的刊物有些不同，文字必得和它们相称，就很少做《热风》那样简短的东西了；而且看看对于我的批评文字，得了一种经验，好像评论做得太简括，是极容易招得无意的误解，或有意的曲解似的。

又说：

> 这回连较长的东西也收在这里面。

“简单”改为不拘长短，配合着时代的要求，“杂文”于是乎成了大家都能用，尖利而又方便的武器了。这个创造是值得纪念的；虽然我们损失了一些诗，可是这是个更需要散文的时代。

（《燕京新闻》副叶）

闻一多先生怎样走着中国文学的道路

——《闻一多全集》序

闻一多先生为民主运动贡献了他的生命，他是一个斗士。但是他又是一个诗人和学者。这三重人格集合在他身上，因时期的不同而或隐或现。大概从民国十四年参加《北平晨报》的诗刊到十八年任教青岛大学，可以说是他的诗人时期，这以后直到三十三年参加昆明西南联合大学的五四历史晚会，可以说是他的学者时期，再以后这两年多，是他的斗士时期。学者的时期最长，斗士的时期最短，然而他始终不失为一个诗人；而在诗人和学者的时期，他也始终不失为一个斗士。本集里承臧克家先生钞来三十二年他的一封信，最可以见出他这种三位一体的态度。他说：

> 我只觉得自己是座没有爆发的火山，火烧得我痛，却始终没有能力（就是技巧）炸开那禁锢我的地壳，放射出光和热来。只有少数跟我很久的朋友（如梦家）才知道我有火，并且就在《死水》里感觉出我的火来。

这是斗士藏在诗人里。他又说：

你们做诗人的人老是这样窄狭，一口咬定世上除了诗什么也不存在。有比历史更伟大的诗篇吗？我不能想像一个人不能在历史（现代也在内，因为它是历史的延长）里看出诗来，而还能懂诗。……你不知道我在故纸堆中所做的工作是什么，它的目的何在……因为经过十余年故纸堆中的生活，我有了把握，看清了我们这民族、这文化的病症，我敢于开方了。方单的形式是什么——一部文学史（诗的史），或一首诗（史的诗），我不知道，也许什么也不是。……你诬枉了我，当我是一个蠹鱼，不晓得我是杀蠹的芸香。虽然二者都藏在书里，他们的作用并不一样。

学者中藏着诗人，也藏着斗士。他又说“今天的我是以文学史家自居的”。后来的他却开了“民主”的“方单”，进一步以直接行动的领导者的斗士姿态出现了。但是就在被难的前几个月，他还在和我说要写一部唯物史观的中国文学史。

闻先生真是一团火。就在《死水》那首诗里他说：

这是一沟绝望的死水，
这里断不是美的所在，
不如让给丑恶来开垦，
看他造出个什么世界。

这不是“恶之花”的赞颂，而是索性让“丑恶”早些“恶贯满盈”，“绝望”里才有希望。在《死水》这诗集的另一首诗《口供》里又说：

可是还有一个我，你怕不怕？——
苍蝇似的思想，垃圾桶里爬。

“绝望”不就是“静止”，在“丑恶”的“垃圾桶里爬”着，他并没有放弃希望。他不能静止，在《心跳》那首诗里唱着：

静夜！我不能，不能受你的贿赂。
谁希罕你这墙内方尺的和平！
我的世界还有更辽阔的边境。
这四墙既隔不断战争的喧嚣，
你有什么方法禁止我的心跳？

所以他写下战争惨剧的《荒村》诗，又不怕人家说他窄狭，写下了许多爱国诗。他将中国看作“一道金光”，“一团火”（《一个观念》）。那时跟他的青年们很多，他领着他们做诗，也领着他们从“绝望”里向一个理想挣扎着，那理想就是“咱们的中国！”（《一句话》）

可是他觉得做诗究竟“窄狭”，于是乎转向历史，中国文学史。他在给臧克家先生的那封信里说，“我始终没有忘记除了我们的今天外，还有那二千年前的昨天，这角落外还有整个世界”。同在三十二年写作的那篇《文学的历史动向》里说起“对近世文明影响最大最深的四个古老民族——中国、印度、以色列、希腊——都在差不多同时猛抬头，迈开了大步”。他说：

约当纪元前一千年左右，在这四个国度里，人们都歌唱起来，并将他们的歌纪录在文字里，给流传到后代……四个文化，在悠久的年代里，起先是沿着各自的路线，分途发展，不相闻问。然后，慢慢的随着文化势力的扩张，一个个的胳臂碰上了胳臂，于是吃惊，点头，招手，交谈，日子久了，也就交换了观念思想与习惯。最后，四个文化慢慢的都起着变化，互相吸收，融合，以至总有那么一天，四个的个别性渐渐消失，于是文化只有一个世界的文化。这是人类历史发展的必然路线，谁都不能改变，也不必改变。

这就是“这角落外还有整个世界”一句话的注脚。但是他只能从中国文学史下手。而就是“这角落”的文学史，也有那么长的年代，那么多的人和书，他不得不一步步的走向前去，不得不先钻到“故纸堆内讨生活”，如给臧先生信里说的。于是他好像也有了“考据癖”。青年们渐渐离开了他。他们想不到他是在历史里吟味诗，更想不到他要从历史里创造“诗的史”或“史的诗”。他告诉臧先生，“我比任何人还恨那故纸堆，正因为恨它，更不能不弄个明白。”他创造的是崭新的现代的“诗的史”或“史的诗”。这一篇巨著虽然没有让他完成，可是十多年来也片段的写出了一些。正统的学者觉得这些不免“非常异义，可怪之论”，就戏称他和一两个跟他同调的人为“闻一多派”。这却正见出他是在开辟着一条新的道路；而那披荆斩棘，也正是一个斗士的工作。这时期最长，写作最多。到后来他以民主斗士的姿态出现，青年们又发现了他，这一回跟他的可太多了！虽然行动时时在要求着他，他写的可并不算少，并且还留下了一些演讲录。这一时期的作品跟演讲录都充满了热烈的爱憎和精悍之气，就是学术性的论文如《龙凤》和《屈原问题》等也如此。这两篇，还有杂文《关于儒、道、土匪》，大概都可以算得那篇巨著的重要的片段罢。这时期他将诗和历史跟生活打成一片；有人说他不懂政治，他倒的确不会让政治的圈儿箍住的。

他在“故纸堆内讨生活”，第一步还得走正统的道路，就是语史学的和历史学的道路，也就是还得从训诂和史料的考据下手。在青岛大学任教的时候，他已经开始研究唐诗；他本是个诗人，从诗到诗是很近便的路。那时工作的重心在历史的考据。后来又从唐诗扩展到《诗经》《楚辞》，也还是从诗到诗。然而他得弄语史学了。他读卜辞，读铜器铭文，从这些里找训诂的源头。从本集二十二年给饶孟侃先生的信可以看出那时他是如何在谨慎的走着正统的道路。可是他“很想到河南游游，尤其想看洛阳——杜甫三十岁前后所住的地方”。他说“不亲眼看看那些地方我不知杜甫传如何写”。这就不是一个寻常的考据家了！抗战以后他又从《诗经》

《楚辞》跨到了《周易》和《庄子》；他要探求原始社会的生活，他研究神话，如高唐神女传说和伏羲故事等等，也为了探求“这民族，这文化”的源头，而这原始的文化是集体的力，也是集体的诗；他也许要借这原始的集体的力给后代的散漫和萎靡来个对症下药罢。他给臧先生写着：

> 我的历史课题甚至伸到历史以前，所以我研究神话，我的文化课题超出了文化圈外，所以我又在研究以原始社会为对象的文化人类学。

他不但研究着文化人类学，还研究佛罗依德的心理分析学来照明原始社会生活这个对象。从集体到人民，从男女到饮食，只要再跨上一步；所以他终于要研究起唯物史观来了，要在这基础上建筑起中国文学史。从他后来关于文学的几个演讲，可以看出他已经是在跨着这一步。

然而他为民主运动献出了生命，再也来不及打下这个中国文学史的基础了。他在前一个时期里却指出过“文学的历史动向”。他说从西周到北宋都是诗的时期，“我们这大半部文学史，实质上都是诗史”。可是到了北宋，“可能的调子都已唱完了”，上前“接力”的是小说与戏剧。“中国文学史的路线从南宋起便转向了，从此以后是小说戏剧的时代。”他说“是那充满故事兴味的佛典之翻译与宣讲，唤醒了本土的故事兴趣的萌芽，使它与那较进步的外来形式相结合，而产生了我们的小说与戏剧”。而第一度外来影响刚刚扎根，现在又来了第二度的。第一度佛教带来的印度影响是小说戏剧，第二度基督教带来的欧洲影响又是小说戏剧……于是乎他说：

> 四个文化同时出发，三个文化都转了手，有的转给近亲，有的转给外人，主人自己却没落了，那许是因为他们都只勇于“予”而怯于“受”。中国是勇于“予”而不太怯于“受”的，所以还是自己文化的主人，然而……仅仅不怯于“受”是不够

的，要真正勇于“受”。让我们的文学更彻底的向小说戏剧发展，等于说要我们死心塌地走人家的路。这是一个“受”的勇气的测验。

这里强调外来影响。他后来建议将大学的中国文学系跟外国语文学系改为文学系跟语言学系，打破“中西对立，文语不分”的局面，也是“要真正勇于受”，都说明了“这角落外还有整个世界”那句话。可惜这个建议只留下一堆语句，没有写成。但是那印度的影响是靠了“宗教的势力”才普及于民间，因而才从民间“产生了我们的小说与戏剧”。人民的这种集体创作的力量是文学的史的发展的基础，在诗歌等等如此，在小说戏剧更其如此。中国文学史里，小说和戏剧一直不曾登大雅之堂，士大夫始终只当它们是消遣的玩意儿，不是一本正经。小说戏剧一直不曾脱去了俗气，也就是平民气。等到民国初年我们的现代化的运动开始，知识阶级渐渐形成，他们的新文学运动和新文化运动接受了欧洲的影响，也接受了“欧洲文学的主干”的小说和戏剧；小说戏剧这才堂堂正正的成为中国文学。《文学的历史动向》里还没有顾到这种情形，但在《中国文学史稿》里，闻先生却就将“民间影响”跟“外来影响”并列为“二大原则”，认为“一事的二面”或“二阶段”，还说，“前几次外来影响皆不自觉，因经由民间；最近一次乃士大夫所主持，故为自觉的”。

他的那本《中国文学史稿》，其实只是三十三年在昆明中法大学教授中国文学史的大纲，还待整理，没有收在全集里。但是其中有《四千年文学大势鸟瞰》，分为四段八大期，值得我们看看：

第一段　本土文化中心的抟成　一千年左右

第一大期　黎明　夏商至周成王中叶（公元前二五〇——前一一〇〇）　约九百五十年

第二段　从三百篇到十九首　一千二百九十一年

第二大期　五百年的歌唱　周成王中叶至东周定王八年

(陈灵公卒，《国风》约终于此时，前一〇九九——前五九九）约五百年

第三大期　思想的奇葩　周定王九年至汉武帝后元二年（前五九八——前八七）五百一十年

第四大期　一个过渡期间　汉昭帝始元元年至东汉献帝兴平二年（前八六——后一九五）二百八十一年

第三段　从曹植到曹雪芹　一千七百一十九年

第五大期　诗的黄金时代　东汉献帝建安元年至唐玄宗天宝十四载（一九六——七五五）五百五十九年

第六大期　不同型的余势发展　唐肃宗至德元载至南宋恭帝德祐二年（七五六——一二七六）五百二十年

第七大期　故事兴趣的醒觉　元世祖至元十四年至民国六年（一二七七——一九一七）六百四十年

第四段　未来的展望——大循环

第八大期　伟大的期待　民国七年至……（一九一八……）

第一段“本土文化中心的抟成”，最显著的标识是仰韶文化（新石器时代）的陶器花纹变为殷周的铜器花纹，以及农业的兴起等。第三大期“思想的奇葩”，指的散文时代。第六大期“不同型的余势发展”，指的诗中的“更多样性与更参差的情调与观念”，以及“散文复兴与诗的散文化”等。第四段的“大循环”，指的回到大众。第一第二大期是本土文化的东西交流时代，以后是南北交流时代。这中间发展的“二大原则”，是上文提到的“外来影响”和“民间影响”；而最终的发展是“世界性的趋势”。——这就是闻先生计划着创造着的中国文学史的轮廓。假如有机会让他将这个大纲重写一次，他大概还要修正一些，补充一些。但是他将那种机会和生命一起献出了，我们只有从这个简单的轮廓和那些片段，完整的，不完整的，还有他的人，去看出他那部“诗的史”或那首“史的诗”。

他是个现代诗人，所以认为“在这新时代的文学动向中，最值得揣摩的，是新诗的前途”。他说新诗得“真能放弃传统意识，完全洗心革面，重新做起”。——

那差不多等于说，要把诗做得不像诗了。也对。说得更准确点，不像诗，而像小说戏剧，至少让它多像点小说戏剧，少像点诗。太多“诗”的诗，和所谓“纯诗”者，将来恐怕只能以一种类似解嘲与抱歉的姿态，为极少数人存在着。在一个小说戏剧的时代，诗得尽量采取小说戏剧的态度，利用小说戏剧的技巧，才能获得广大的读众。……新诗所用的语言更是向小说戏剧跨近了一大步，这是新诗之所以为“新”的第一个也是最主要的理由。其它在态度上，在技巧上的种种进一步的试验，也正在进行着。请放心，历史上常常有人把诗写得不像诗，如阮籍、陈子昂、孟郊，如华茨渥斯、惠特曼，而转瞬间便是最真实的诗了。诗这东西的长处就在它有无限度的弹性，……只有固执与狭隘才是诗的致命伤，……

那时他接受了英国文化界的委托，正在钞选中国的新诗，并且翻译着。他告诉臧克家先生：

不用讲今天的我是以文学史家自居的，我并不是代表某一派的诗人。惟其曾经一度写过诗，所以现在有揽取这项工作的热心，惟其现在不再写诗了，所以有应付这工作的冷静的头脑而不至于对某种诗有所偏爱或偏恶。我是在新诗之中，又在新诗之外，我想我是颇合乎选家的资格的。

是的，一个早年就写得出《女神的时代精神》和《女神的地方色彩》那样确切而公道的批评的人，无疑的“是颇合乎选家的资格的”。可惜这部诗选又是一部未完书，我们只能够尝鼎一脔！他最后还写出了那篇《时代的鼓手》，赞颂田间先生的诗。这一篇短小的批评激起了不小的波动，也发生了不小的影响。他又在三十四年西南联合大学五四周的朗诵晚会上朗诵了艾青先生的《大堰河》，他的演戏的才能和低沉的声调让每一个词语渗透了大家。

闻先生对于诗的贡献真太多了！创作《死水》，研究唐诗以至《诗经》《楚辞》，一直追求到神话，又批评新诗，钞选新诗，在被难的前三个月，更动手将《九歌》编成现代的歌舞短剧，象征着我们的青年的热烈的恋爱与工作。这样将古代跟现代打成一片，才能成为一部“诗的史”或一首“史的诗”。其实他自己的一生也就是具体而微的一篇“诗的史”或“史的诗”，可惜的是一篇未完成的“诗的史”或“史的诗”！这是我们不能甘心的！

（《文学》杂志）